社会的事件の法社会学

日本の伝統社会とグローバルな法のはざまで

河合幹雄 著 KAWAI MIKIO

遠見書房

まえがき

本書には、法社会学者の河合幹雄さんが、２０１１年から、63歳で早逝される前年の２０２２年までの間にWEB RONZAに寄稿した44本の文章が収められている。それぞれの文章では、河合さんが専門的に研究している犯罪や司法に関する時事的なことが話題となっている。

と、このように紹介すると、単行本にして後で読んでもあまり意味がない、と思われるかもしれないが、さにあらず！　時事的な論考でも、深くことがらの本質をとらえている場合には、直接の主題となっている出来事や事件から離れ、時間を経ても色あせることなく、その価値を保ち続ける。ここに収録されている文章は、まさにこのことを証明となっている。

本書の中のどの一本に関しても、私は読みながらこう感じた。ここには「ほんもののプロの仕事」がある、と。

社会現象についての、批評家や学者のコメントや解説の大半が、率直に言えば、「そんなことは素人でも知っている」「その程度なら素人でもおおむね想像できる」という範囲を超えない。あるいは専門家を自称する批評家や学者の見解の多くが、素人のごく素朴な意見とあまり変わらない。

しかし、ここに収録された河合さんの論考に関しては、まったく違う。正反対である。熟達したプロでなくては知らなかったこと、分からなかったことが書いてある。だから読み進めていくと、まさに目から鱗が何枚も落ちるのを実感する。さらに、そうした知見をもとにして導かれる河合さんの独自の見解や提言は、人々の心理の機微や現実の複雑さへの配慮がゆきとどいており、素人の――自分では熟慮し誠実に導いたつもりの――考えがいかに浅はかなものであったかを思い知らせてくれる。

犯罪を中心に見てきた法社会学者としての河合さんのプロとしての力は、おもに二つの源泉から来る。第一に、社会についての統計を解釈するマクロな視点。ほとんどの人は、犯罪などの事件については、マスコミの報道などを通じて個別に知るだけで、統計など見ない。あるいは統計を見たとしても、それがほんとうは何を意味するのか解釈することができない。統計の数値を正しく解釈するためには、そのデータがどのようにとられたものなのか、もとになる質問に対して回答者がどのような心理や意図で答えるのか（嘘や誇張や隠蔽はないのか）、そのデータがどのようにコンテクストや因果関係の中に置かれているものなのか、等々をすべて正確に理解していなくてはならない。そうした理解をベースに、統計数値が何を意味しているのかを解釈できるのが、ほんもののプロである。

第二に、現場に内在したミクロな視点。河合さんは、現場をよく知っている。刑務所がどんなところなのか、少年院でどのように少年たちが教育されているのか、マルチ商法を「信者」にやらせているカルトの幹部はどんな人物なのか、等々をよく知っている。あるいは、見ることができなかった現場に関しても、そこで何が起きていたのかを、たとえば日産自動車のゴーン氏を逮捕する前に最高検会議室で誰がどんなことを話し合ったかを再現できるだけの知識と経験と想像力が、河合さんにはある。ついでに付け加えておけば、河合さんは、刑事施設視察委員やＥＭＡ（モバイルコンテンツ審査運用監視機構）の基準策定委員会の委員、ＡＶ業界改革推進有識者委員会の委員など、現場を直接監督したり、現場に介入したりする要職も務めていた。

＊

マクロの視点とミクロの視点の両方において洗練されているならば、社会科学者としてはまさに「鬼に金棒」である。では、本書を読むと、どんな「発見」があるのか。それは、「ネタバレ」になってしまうので、ここではあまり書きたくはないのだが、導入のために少しだけ紹介しておこう。

たとえば、犯罪件数。１９７０年代、日本は治安のよい国だと言われ、日本人はそのことを誇りに思っていた。その頃に比べて、犯罪が、とりわけ凶悪犯罪や少年犯罪は増えていて、治安が急速に悪化している……と、ほとんどの日本人は思っている。が、本書に収録された文章の中で繰り返し河合さんが述べているように、これはまったく事実に反する。凶悪事件や少年事件の数は、70年代に比べて激減しているのだ。そして、日本では、少年の更生率も非常に高い（一度検挙された少年の9割近くが、その後検挙されていない）。しかし、日本人は、事実と真逆のことを信じてきた（河合さんたちが実施したアンケート調査では、凶悪犯罪が大きく減っていると正しく答えられた人は、１，４５６人中たった1人であった）。

ここから、いくつかの疑問が生ずる。どうして、凶悪犯罪や少年犯罪が激減しているのか？　どうして大半の日本人は、実際とは異なることを「事実」だと信じてきたのか？　これらについては、この「まえがき」では説明しない。本文で河合さんが論じていることを読みながら、考えてほしい。

いずれにせよ、実際には殺人などの凶悪犯罪が減っているのに、逆のことを信じているということは、単なる認知上の誤りということを超えた問題を含んでいる。われわれは信じていることに即して行動し、対策をとるからである。たとえば、河合さんによると、1970年代と比べて死刑判決は何倍にも増えている。殺人による死者数は半減しているのに、死刑判決だけが増えているのは、おかしなことではないだろうか。以上は、主としてマクロな視点、つまり統計を正しく解釈することから得られる知見である。今度は、ミクロな視点、河合さんが現場をよく知っているがゆえに合理的に導かれる、われわれの常識を覆す論点を紹介しておこう。

民法が改正され、2022年4月1日より、成年年齢が18歳に引き下げられた。このことが、AVに関しては困った影響をもたらす、と言われている。これまでは、18歳、19歳で出演してしまった女優に対して「未成年者取消権」を行使して、出演契約を無効とし、作品の映像配信と商品の回収ができた。しかし、18歳がすでに成人だとすると、このようなやり方が使えない。そこで、一部の人権団体や立憲民主党は、18歳と19歳に対しては取消権を維持するべきだ、と提案している。まことによい提案だと思われる。

では、AV人権倫理機構（人権倫）——河合さんはこの機構の理事である——は、実際には、どのような対策をうっているのか。AV業界に対して、AVに出演させる女性は20歳に達してからにすることを強く推奨し、例外的に18歳、19歳のAV出演希望者を受け入れる場合には、（女性が高校などに在籍していない等の）いくつかの条件を厳守すべきであると通達した。

しかし、この人権倫の対策は、「未成年者取消権を維持して、事実上18歳、19歳をAVに出演させることを禁止する」という人権団体などの要求に比べると手ぬるい、という印象をもつ。が、河合さんによれば、18

歳、19歳のAV出演を禁止してしまうと、少女たちをもっと窮地に追い込むことになるのだ。どうしてか？理由は本文に書いてある。なるほど、と納得できる、現状に即した合理的な説明がそこにはある。

ここでは、ヒントだけは書いておこう。ドイツでは、2002年に売春を合法化したそうだ。女性の人権を踏みにじる悪法に思えるが、河合さんによるとそうではない。東欧からドイツに流れてくる少女たちが、しばしば売春で生き延びようとする。売春を非合法化しても、この点はすぐには変えられない。ならば、彼女たちが非合法の業者ではなく、せめて合法の業者に雇われるなら、ずっとまともな扱いを受けられるようになる。

これと似たような論理が働き、未成年者のAV出演を禁止しない方がよい、という結論が導かれる。詳しくは本文をあたられたい。

＊

統計に現れる現象を正確に解釈し、同時に現場に内在する視点から事態を繊細に記述する。これが河合幹雄さんの法社会学の特徴である。これによって見出されることは何か。それは、「社会の無意識」である、と私は考える。「社会の無意識」は、河合さんが使っている語ではなく、ここで私が用いているだけだが、次のような意味だ。ときに、個人の行動や心理を観察するだけでは見出し得ない無意識がある。言い換えれば、社会現象のうちにしか現れない無意識があるのだ。これを、仮に「社会の無意識」と呼んでおこう。河合さんは、犯罪や司法にかかわる現象を通じて、社会の無意識を解明しようとしている。私にはそのように見える。

本書に論じられているほとんどのことに関して、そのような解釈が可能なのだが、ひとつだけ解説しておこう。日本の裁判では、有罪確率は99・9％を超えている。つまり、ほとんど１００％が裁判では有罪になる。日本の警察や検察が非常に優秀だから……ではない、ということを河合さんは強調している。普通の先進国では、無罪率は、だいたい10〜30％なのだそうだ。

有罪率が99・9％だということは、実質的には、有罪／無罪を検察が決めている、ということである。裁判は、検察の決定を事実上、追認するだけで、十分には機能していない。主役は、容疑者を逮捕し、取り調べる警察と検察であって、裁判官は脇役である。検事が有罪か無罪かの実質的な決定者になっていて、勝負は取調室でほぼ決しているので、「判事がかかわる第一審はまるで控訴審である」と河合さんは述べている。見方を変えると、検察官は「ほぼ確実に有罪になるもの」にまで起訴を絞り込んでいるので、つまり十分に有罪との確証を得られないものも含めて多めに起訴して裁判官に判断を委ねるということができないので、ほんとうは犯罪者である者が起訴を免れているということでもある。

この日本特有の現象をどのように解釈すればよいのか？　私の考えでは、この現象は、日本人がある種の権力に対して、無意識の強い信頼を置いている、ということを示している。ある種の権力とは、最も直接的な権力、つまり「悪人」を速やかに摘発し、物理的な暴力を使って「われわれ」の共同体からその「悪人」を排除する権力である。この権力の行使者がまずは警察であり、それをサポートしているのが検察だ。

警察や検察に対して、日本人が並外れた信頼を置いているということは、本来、裁判が何のためにあるのかを考えるとわかる。裁判は、物理的暴力を用いて人を拘束しうる、直接的な権力に対する不信を前提にした制度である。逮捕され起訴された人が、ほんとうに有罪なのか分からない。だから、裁判が独立になされなくてはならない。

言い換えれば、裁判という機能が事実上骨抜きになってしまうのは、直接的な権力を人々は深く信頼しているからだ。あるいは、河合さんの説明に忠実に、次のように言ったほうが正確だろう。人を物理的に拘束することができる直接的な権力、つまり警察や検察が、すでに(有罪か無罪かを決定する)裁判の機能を暗黙のうちに内蔵させているのだ、と。裁判は、検察・警察から独立した制度として十分には機能していない。

そもそも三権分立は、権力への不信を前提にした制度である。河合さんは、フランスの三権分立に関して、「他の権力機関に対して致命傷を加えることができる攻撃的な武器を互いにもつ想定である」と書いている。国民はどの権力機関も全面的には信頼できないので、対等な権力機関が互いに攻撃的に干渉できるようにして、権力への不信を中和させているのだ。日本では、このような意味での三権分立は機能していない。

日本社会では、容疑者として逮捕された段階で、事実上、犯罪者として扱われる。ひとたび起訴されれば、後に無罪判決がでたとしても、社会的に葬られてしまうこともある。どうしてそうなるのかは、(実質的には裁判の機能を内蔵させた)警察・検察の執行権力への、日本人の無意識の信頼によって説明することができる。警察や検察も、国民のそのような信頼や期待を正確に読んでおり、それにおおむね応えてきた。

冤罪があったとき、日本人は、主として警察や検察を責める。だが——河合さんが本文の中で繰り返し述べているのだが——本来の制度の設定からして、冤罪に最も責任があるのは裁判官である。冤罪を防ぐことができたのは、裁判官だ。それなのに日本人は、裁判官よりも警察・検察が悪い、と感じる。どうしてなのか。日本人の(無意識の)期待を裏切ったのは、裁判官ではなく、警察官や検事だからである。

同じ無意識の機制を前提にして働いてきたのが、たとえば政治家の贈収賄の摘発や起訴に関連して重要な意味をもつ起訴便宜主義である。起訴便宜主義とは、起訴するかしないかは、検察が決めることができる、という意味である。

日本は、明治維新以来、欧米から継受した法による統治システムを、日本社会に適応させてきた。が、欧米流の法を、そのまま杓子定規に日本社会に適用すると、困ったことになる。日本では、気持ちを示すときには贈物が必要だし、深い人間関係には飲食がともなうのが常である。このような文化に西洋法をそのままあてはめると、実質のある付き合いのほぼすべてが、一種の「贈収賄」だということになってしまう。

そこで、政治家、官僚、業者の親密な関係の中で、良いものと悪いもの、社会的にポジティヴな貢献をしているものとネガティヴな意味しかもたないものを、慎重に選り分けて、起訴対象を決定するのが、伝統的に検察の仕事だった、と河合さんは解説する。つまり、河合さんによると、特捜部は、法を機械的に適用すれば贈収賄にコミットしていることになる場合でも、良い政治家や良い官僚は意図的に見逃してきたのだ（ここまではっきりと断定できるのも、河合さんが現場の機微に精通しているプロだからである）。

ここですぐに気付くことだろう。起訴便宜主義に則って、政治家や官僚や業者を、良い／悪いと判別し、後者だけを起訴する検察は、共同体の中にいる「悪人」を逮捕し排除している警察と同じような機制で働き、同じような無意識の期待によって正当化されているのだ、と。検察が、事実上、裁判機能をも自らの任務の中に組み込んでおり、政治家や官僚などの特権をもったエリートたちの集団の中で、誰が良く、誰が悪いかを決めることができる。

河合さんは、ここからさらに、今では政党に対して税金から大金が交付され、政治資金規制法も改正されたのだから、もはや「良い賄賂」は存在しえないとして、このようなやり方の歴史的な使命は終わった、と論を進めていく。そして、司法改革で導入された検察審査会は、起訴便宜主義に対抗して積極的に強制起訴すべきであり、合法／違法の判断は裁判官が担わなくてはならない、という主張につなげていくのだが、この議論の詳細については本文で読んでほしい。

私がここで言いたいことは、河合幹雄という法社会学者は、「社会の無意識」の探究者だった、ということである。幹雄さんの父親は、ユング派心理学の泰斗、河合隼雄氏である。本書のあとがきを書いている河合俊雄さんは、父親と同じ臨床心理学者となり、今日のユング派の世界的なリーダーとなった。弟の幹雄さんは、父親とは異なる分野を専攻した。しかし、やはり人間の無意識を――ユング派のそれとは異なった意味での無意識を――研究した。

2024年9月13日

社会学者　大澤真幸

目　次

社会的事件の法社会学

バランス感覚と新しい秩序

2011年09月27日

陸山会事件、小沢一郎の元秘書三人に有罪判決が下った。これは、全く予想通りだった。検察に注目が集まるが、判決は裁判所が下す。裁判所こそが、鼎《かなえ》の軽重を問われているとして見なければならない。

かつて田中角栄が起訴され、一審有罪判決が出されたが、その後、裁判所は、最高裁で確定判決をだすことをグズグズ作戦で避けた。やっきになる検察と、「慎重」な判事という構図だった。いつか田中の後継者を仕留めるというのが検察の悲願である、と組織目標を勘違いしてきたあげくが、今回の起訴という見方がある。これをまず検討しよう。

明治維新以来、日本の政治手法に杓子定規に法適用すれば、政治家は皆検挙しなければならなかった。日本社会をすっかり洋物に変えられないとすれば、西洋式の法制度と日本の伝統は共存させるしかなかった。そのために、悪いワイロと、見逃すべき金の動きを見分ける役割を検察が負ってきたと私は考える。日本のためになる政治家は見逃すということである。実質判断として、短刀直入に言えば、小沢一郎を見逃すべきかツブスべきか、それが問題なのである。

政治情勢を見渡せば、自民党長期政権が終わったところである。普通に考えて、下野した自民党の政治家の汚職事件を追及するチャンスである。ところが、検察が取ったのは、政権交代の大功労者の小沢ツブシであった。これは、おかしいと批判が出るのも無理はない。国策捜査どころか、国策（国の利益）を考えないで、検察の組織目標にこだわった、国策なき捜査という印象をもった。

これに対し、裁判所は、元々、政治と関わりたくない。田中のときでも逡巡したのに、今回進んで、小沢一郎が日本にとって必要かどうか、はっきり判断することは避けるであろうと、私は予測した。つまり、秘書は有罪、秘書の証言は証拠として無効で、小沢本人は無罪というバランス感覚である。悪く言えば責任回避である。落としどころが、ここと考えたから、予想どおりの判決であった。

これだけでは、ある意味でつまらない事件である。今後の方向が全く見えないからである。政治資金規正法は、政党交付金により必要な政治活動資金が手当てされたことと連動したものである。そうだとすれば、ワイロまがいの資金はもう許されない。金の流れは透明でなければならない。検察も裁判所も、被疑者である政治家が、日本の将来にとって役立つかどうかといった高等判断をもはやする必要はない。検事も判事も、法的判断だけすればよい、国際スタンダードに近い法治国家となる。

予想外の第三者委員会の結論に慌てた九電

２０１１年10月25日

九州電力は最終報告書で「やらせメール問題」について、佐賀県の関与を認めず、第三者委員会（委員長・郷原信郎弁護士）の調査結果の核心部分を否定し、真部利応社長の続投を表明した。郷原氏のみならず、枝野幸男経産相が強い批判をした後、九電は一転して古川康佐賀県知事らのやらせの関与を認めて、報告書を再提出する方針を固めたそうである。どういうことなのか考察してみたい。

どちらがどうか言う前に、事実確認が大切である。マスコミ報道を大雑把に受け止めているとしばしば勘違いしてしまう。報道内容を部分的にみるとウソ報道は滅多にないが、一部の情報を落として、結果的に異なった印象を与えてしまっていることがある。今回の「やらせメール」の場合も、私が把握しているだけで二点の重要要素が落ちている、もしくは、小さく扱われている。　第一は、原発反対運動側も、地元の市民ではなく動員された、いわゆるプロ市民が中心になっていることがよくあることである。それに対抗するために「やらせ」が盛んに使われてきたのが事の真相である。ただし、この理由では、「やらせ」を正当化するには全く不十分であり、「やらせ」を非難する記事は、その意味では正しいが、どちらが悪者か、分かりやすく伝えるほうが、正確に事実を伝えるより良いという勘違いを、報道機関はしているのではないかと危惧している。

第二は、より重要かつデリケートな事項である。郷原氏と佐賀県知事は、以前より、かなり懇意であった。郷原氏は、ツイッターなどでこれを少しも隠さず明らかにしている。郷原氏が立ち上げた桐蔭横浜大学コンプライアンス研究センターの開設記念シンポジウム（２００４年）に、古川知事はパネリストとして参加されている。二人は旧知の間柄なのである。この背景がわかれば、第三者委員会などと言いながら、実は懇意の人物に任せて切り抜けようという常套手段が使われようとしたのではないかという疑念が湧いて当然である。だとすれば、郷原氏が、知事側の期待に反して手加減しなかったということであろう。このことを前提とすれば、予想外の第三者委員会の調査結果にあわてて九州電力と佐賀県知事側が抵抗を試みるも、枝野大臣が踏ん張ったというところであろう。

第三者が公平な立場で裁くというのは、司法的な手法であるが、この手法は、日本社会に根付かないできた。今回は、第三者委員会が、本当に第三者として機能した。司法改革で弁護士を多数輩出するようになったが、日本の企業は、未だに彼らを十分に活用しようとはしていない。日本中の企業は、今回の九電の判断ミスを他山の石とすべきである。

裁判結審はオウム事件の最終解決か？

２０１１年11月25日

オウム事件の全被告人の裁判が結審した。しかし、これでオウム事件は解決したとは言えないと私は考えている。警察庁長官狙撃事件が未解決で指名手配中のメンバーがまだ見つからないことを言っているのではない。それよりも本質的なところで解決していないという側面を二つあげたい。

第一は、この事件は、なんといっても宗教的な事象なのだが、そのことについての解答がないということである。学歴が高い若者たちが多数、オウム教団に入信し、多数の犠牲者を出す事件を実行してしまったのはなぜなのか。麻原については、まさに宗教の領域が絡み、考察はむずかしいが、少なくとも追随者たちについて丁寧に検討すべきだった。たとえば、戦争に借り出された兵士が殺人を実行するのと、オウム信者の殺人とはどれほど違うのであろうか。あれほどのことをしでかすに当たって、つまり、何人もの人の命を奪うことがわかっていて、彼らはなぜ思いとどまれなかったのか。問うべき重要な問題が幾つもあるのに、刑事司法は、彼らを単純にテロ集団扱いしてしまった。

その結果は、麻原も含めてだが13人の死刑である。これは、オウム信者が殺した人数の約半分とはいえ大量殺人ではないのか。私たちは、この大量殺人を前に、思いとどまれないのであろうか。多数の死刑が正しいと信じる何か強固な信念があるから突き進むのであろうか。裁判で決まったのだからと主張するなら、これは、麻原＝教団の命だからということで大量殺人を実行してしまったオウム信者と、死刑執行人とは、どこが異なるのであろうか。私たちも、ある理屈を信じたために大量殺人を犯してしまいそうになっているのではないか。

少し整理してみよう。それも極論はさけて、現行制度の中で考えて見よう。司法担当者は、手続も含めて法にのっとって裁くしかない。精神病などを想定した心神喪失で無罪、心神耗弱、情状酌量での刑罰の減軽は、確かに無理、林郁夫の自首を認めて減軽が精一杯であろう。個々の事件を裁く中で死刑判決が出てしまったことを強く非難することはできない。そもそも、宗教に関する知見も訓練もない検事も裁判官も、宗教領域に積極的に係らなかった判断は、ひとつの見識であるのかもしれない。このように裁判の限界を認めるならば、裁判に全ての解決が委ねられているのではない、つまり最終決定ではないと考えてはどうか。オウム事件について、さらに考察と議論を継続し、彼らを大量に処刑するのではなく、たとえば信者の幾人かについては恩赦でもって最終結果としてはどうであろうか。結論については私見に過ぎないことを承知しているが、少なくとも裁判結審で、この事件の処理は終わっていないと私は考える。

第二は、この機会を逃せば発言できないということで思い切って述べるのだが、オウム信者だけが検挙され、より犯罪に慣れている者達が検挙されなかったのではないかという疑義がある。狂信的集団にしては、サリンの製造はじめ犯罪実行行為も、初期の教団活動の成功も見事すぎるのではないか。幹部の村井はなぜ、あのような殺され方をしたのであろうか。オウムの周辺にいて犯罪行為の実行に向けた指南役をしていたであろう悪賢い人達が、誰一人検挙されていないという印象を禁じえない。その意味でもオウム事件は終わっていない。信者だけが捕まって、周辺にいた者達は活動を継続しているように思えて仕方がない。

逆説的に、裁判結審により、そこで扱うことができなかった深い部分を、いよいよ検討できると考えてはどうか。

死刑制度を残しつつ執行しないのが理想だ

2011年12月29日

死刑制度について論じる前に情報の共有を

2011年は死刑執行がゼロとなるようである。国民の合意形成が不十分ななかでの執行停止は正しい判断であろう。なにしろ、日本人が治安の良さを誇っていた1970年代に比較して、現在の殺人事件の死者数は約半分に減少している。それなのに死刑判決が何倍にも増えているのは、国民が治安が悪化したと勘違いさせられているからであろう。議論を開始するに当たって、犯罪状況と死刑執行自体についての正確な情報提供が必要であると考える。

以下、年内執行ゼロの意味から、死刑について一言したい。年内に死刑執行がなく、年末押し迫って執行されることがこれまであった。本年もそう予測していたが、そもそも、これはなぜだろう。年ごとの統計にゼロと出さないというより、昨年は死刑がゼロだったというニュースを出させないためであろう。

だとすれば、これはいわゆる見せしめのための刑罰であろうか。殺人事件を網羅的に検討すれば、殺人犯たちが死刑を恐れて犯罪を思いとどまるなどということは、およそ期待できないことは間違いない。凶悪犯罪の防止という最も大切なはずの目的に役立たないのに、なぜ死刑執行があるのであろうか。

意識調査を検討してみると、犯罪抑止効果がないことは日本国民も理解しているようである。それにもかかわらず、死刑制度は存置しておきたいという結果が出ている。そもそも、日本においては、凶悪事件に遭う心配はしなくてよい。テレビ新聞の報道に惑わされないで考えて見ればわかる。

私は、犯罪状況について講演で話すとき、聴衆にこう聞いてみることがある。

「皆さんの知り合いのなかで、最近何人殺されましたか？　増えていますか？」

会場には笑いがもれる。日本人の多くは、一生のうちに知人が殺人事件で亡くなる話を聞くことはない。凶悪事件も死刑も現実的な事柄ではないのだ。命が大切なら事故や病気に気をつければよいのだ。

では現実の話でなければ何なのか。儀式のような象徴的なものと考えざるを得ない。人々が、死刑に参加したり、執行のされ方を詳しく知ろうとしてこなかったことからみると、刑罰を加えることよりも、それで安心したい欲求が勝っているように思われる。客観的な安全のためにはさまざまな殺人事件について知りたいところだが、実際には、極めて少数で特異な事件について大量の報道がなされる。これは、人々がわかったつもりになりたい欲望に、報道機関が正直に応えているのであろう。

社会学は、刑罰は秩序感を守るためにあると考えてきた。つまり、人々にとって、死刑は、悪事を働けば厳しい刑罰が待っているという象徴なのだ。日本では、これに安心感の回復と付け加えてよいと思う。換言すれば、死刑が廃止されると、なにか怖いのだ。

以上のような状況を前提に、それにマッチングした制度を考えれば、それは死刑を最小限執行することである。執行数ゼロは避けつつ多数の執行も避ける。これは、20世紀末に日本が実際にやってきた運用である。

年間1～3人の執行である。ややシニカルだが、人間社会から殺人も死刑も永久になくならないという視点からも、これはなかなか旨くやっているように見えた。

ところが、1995年のオウム事件以降、犯罪は増えていないし凶悪事件も減っているのに、反対の印象を与える大量の報道がされ、極めて例外的な事件の被害者が犯罪被害者の代表のごとくにメディアで活躍した。最高裁判所は、控訴審を覆してまで死刑を連発し、2005年、2006年には年間20人以上の死刑確定判決が出された。

驚いたことに、裁判官たちは、「世論調査」によって、日本国民は厳罰を望んでいるので、それに答えるべきだという意見に傾いていたようである。裁判官達の刑事政策についての知識が十分広くないのではないかと懸念される残念なはなしである。

中世まで遡って日本の歴史を知っておれば、庶民はコロセと安易に言うが、お上は慈悲を示す伝統芸があることがわかるはずである。また、世論調査を「日本国民は厳罰を望んでいる」と解釈したのは、世論調査の解釈の仕方として誤りである。内閣府の世論調査をみれば、日本の治安悪化が酷いという意見がピークになったのは2005年と06年である。誤った事実認識に基づく意見表明を真意と捉えてはならない。

選挙を気にしなくても良い最高裁判事が見せかけ世論に迎合してどうするのだ。その後、死刑の判定は裁判員に委ねられたが、最初の裁判員による死刑判決などを観察すれば、この評議に参加する裁判官が、死刑がなくならないように強く誘導しているように感じられる。問題なのは、裁判員のほうは、凶悪犯罪についての情報も、死刑の執行についての情報もないままに判断させられていることである。

具体的な問題点をひとつあげよう。裁判員は、大量に報道された凶悪事件を、最も凶悪な事件とみなしていると予測する。そのうえで、最も酷い事件だからと自分を納得させて死刑判決に賛成しているのではないかと予測する。実際は、最も酷い事件は、お茶の間向けではないとして報道されていない。あるいは、光市の事件が当初そうであったように死姦の部分をなかったかのように細工して報道するなど本当に酷い部分は隠すのが常である。正しい情報なしの判断は、民主主義ではない。

なお、死刑についての私の意見は、立法上は死刑制度を存置し、被告人には死刑がありうる状態で審判にのぞんでもらいつつ、司法のプロセスのなかで死刑が現実になされないようにもって行くことを理想と考えている。拙著『日本の殺人』（筑摩書房、２００９）と『終身刑の視角』（洋泉社、２００９）で詳細に論じた。

しかし、死刑については、私見は重要ではなく、国民がどう考えるかである。その前提として、死刑の執行について具体的に示すことを強く提案したい。文豪のツルゲーネフは、パリで死刑の執行に立ち会っている。その描写が見事である。執行直後の興奮の中、正義がなされたという感覚の人は誰一人いない。皆、今、目の前でなされた殺人の責任から逃れたい一心だったという。犯罪状況よりも、執行する人が存在することに注目してよい。

やはり、実際に執行してみれば、それが良いものかどうか実感できる。やってみて、やっぱりあれはいいよという感想を持つものは日本の現場にもいないように思う。現場の感想は完璧に隠蔽されているが、民主主義の原則に基づき、国民に知らせるべきである。私は、刑務官も検察官も、死刑執行がいいものだとは誰一人思っていないように思う。「象徴」は実行してはいけないのだ。

百歩譲っても、年間20人以上の大量死刑が必要なわけがないと思う。存置論を取る私はゼロにはこだわらない。むしろ、第一審では、被告人に死刑判決を一度聞かしてやりたいとさえ思う。しかし、執行は違う。そもそも、どんなに殺してやりたくても思いとどまるところが最も大切なところで、それを否定すれば、同じ思いで、あいつだけは許さないから殺したという殺人事件が多発する。

現在、１２９人もの死刑囚がいる。その人達をどうするかという現実的な方策としても、恩赦の検討を提案したい。恩赦なら、象徴的秩序を維持しながら殺人を避けることができる。

少年死刑確定：誰が反省不十分なのか

２０１２年02月23日

光市事件少年の死刑が確定した。残念なことに最高裁は是正する勇気がなく、マスコミの反省は不十分である。少年事件や刑事裁判のイロハを勉強していれば、この事件が死刑でないことは常識の部類と考える。この私の意見を聞いて驚いた方が多いのではないかと推察する。それもそのはず、報道された事件と、実際に記録などにあたってみた事件とは、まるで別事件。ＢＰＯ（放送倫理・番組向上機構）の放送倫理検証委員会は、２００８年4月15日決定第04号「光市母子殺害事件の差戻控訴審に関する放送についての意見」において報道内容と経緯を詳細に検討したうえで言葉を極めて報道機関を批判した（ＨＰからダウンロードできる）。遺族と加害者の背景を丁寧に記述した門田隆将の『なぜ君は絶望と闘えたのか』（新潮社、２００８）も参照して欲しい。いずれにせよ報道ベースで事件を知っているつもりであれこれ考えるのはやめたほうがよい。長々と事件をなぞるわけにもいかないので二点だけポイントを挙げておく。

少年にとって最も重要な体験は、自殺した母親の死体の脇に自分がひとりぼっちで取り残されたことであったろう。殺してしまった母親の脇にとりのこされた赤ん坊によって、同じような状況を、再現してしまった。少年にとって、その赤ん坊は「自分」だったはずである。裁判の事実認定で、発覚を防ぐために赤ん坊を殺したというのは、死刑という結論に無理にもっていくための後付けの理屈のように思える。少年は、何をしているのか自分でわからない状態だったであろう。

第二点。少年の手紙などが公開されているが、非行少年を扱った経験者の共通認識は、次のようなものである。強がる少年は、自分の罪の大きさをどこかでわかっていてそれに耐えられないから強がっている。つまり人間性を残しており、更生の可能性があるが、その課題に立ち向かうには、現状では弱すぎる。少年は、反省不十分だが、更生の可能性が、はっきりあるタイプと考えられる。もっとも、上記に二点の洞察がなくても、裁判官なら、これまでの基準なら無期刑だということは常識であろう。それがなぜ、死刑になったかについて、私の見方を二点挙げておきたい。

第一点は、1941～42年に9人を殺害した浜松事件の犯人は、少年で聾者であり、法律上無罪が相当とも思われたが、一切の少年側の事情を考慮せずに、大事件の犯人だから死刑ということで押し通した歴史がある。大きく報道されたら、裁判官が保持してきた相場を脇において厳罰に処すというのは、ひとつの悪弊として続いている。これは、日本独特の、表に出れば厳罰という「ムラの掟」を想起させる。百万人が賛成しても、反対できてこそ司法の存在価値があるはずだが、十分な勇気がなかった。BPO（放送倫理・番組向上機構）にできて最高裁にできないとは情けないと言いたいが、実は別次元のことが起きていたと考えている。

最高裁は、世論調査をして、少年に対しては刑事罰を軽くするという司法界の常識が、世間では全く受け入れられていないことに気付いた。そして、非行少年の扱いの経験から、司法界の常識が正しいということを国民に示していくことを選択せずに、最高裁は、世の中の常識に合わせて少年事件を厳罰化することを決断した。他方、法務省も少年法改正を手がけていたため、象徴的な事件となるお手ごろの事件が求められていた。それにぴったりはまったのがこの事件だったと思う。なんたる皮肉か、18歳1カ月だったこの少年が、もし、もう2カ月若ければ死刑にされなかっただけでなく、もし、もう2年、年を取って20歳1カ月だったなら、少年ではないために注目されずに、無期刑になっていたのではと思われる。

新聞の識者コメントで、死刑のハードルを変えたなら、どのように変えたのかもっと明確にすべきというものがあった。そもそも死刑について考え抜いたのではなく、少年に厳罰を、なのだから、内容がないのも当然とみえる。報道の問題に戻ろう。さすがに反省の跡がみえる新聞報道も散見したが、煽るのを控えただけで是正には至っていない。多くの国民に治安悪化であるとか、少年犯罪の凶悪化イメージを刷り込んだ状態を是正しなければならない。安全と水はタダといわれた、安全神話全盛時代の1970年代に比較して、現在は、殺人事件が半分以下にまで減り続けてきているのに、死刑判決が、2004年ごろから爆発的に増加したとはっきり報道すべきである。少年犯罪もなんの危機的状況にないことは、平成17年版犯罪白書の特集のグラフをみれば明白である。15か16歳で検挙された少年は成人になるころには9割がた更生している。少年を立ち直らせる力が日本の治安の良さの第一の要因なのである。

もう一点、報道について。多くの国民は、光市の事件を稀に見る凶悪事件と捉えたと推察している。しかし、本当に凄惨な事件はテレビでは報道しない。4人以上殺害した事件だけ死刑にすることにしても、毎年死刑判決が途切れることはない。8人以上殺した大量殺人も多数起きている。人を殺してなんとも感じない人物、少なくとも、何度も殺人を犯しても良く眠れている犯罪者は毎年何人か出てくる。これらの事件の犯人は、家庭に問題があり、学校には行っていないし、大きなネガティブな条件がさらに重なっていて、殺し方も酷い。とてもワイドショーには出せない。光市の事件も、死姦について当初伏せていたことを覚えている方もおられるだろう。表現が悪いが、この程度がお手ごろに騒げていいということで、この少年の事件が選ばれた側面がある。もちろん、被害者遺族がテレビに出ることを是認したことも大きい要素だが、いいたいことは、この事件が凶悪事件の代表でもなんでもなく、たまたま、さまざまな都合でひとつだけ選ばれたということである。そして、その少年を死刑にするという結論は、とんでもない不正義と、私は思う。結局、どういう場合が死刑なのかきっちり論じなければならないということである。これは、死刑制度に賛成とか反対とかの問題以前の公平性の問題である。

私の死刑論は、『日本の殺人』（筑摩書房、２００９）、『終身刑の視角』（洋泉社、２００９）で論じたので詳細は割愛させていただく。人を殺すことについて最後に一言しておきたい。もし私が、被害者遺族になれば、当然、加害者を八つ裂きにしたくなる。医者も病気になるのと同じで、私も、他の遺族となんら変わらない。しかし、遺族が殺したくなったら、殺せばよいのか。人は、攻撃性を持っていて、殺したくなるが、思いとどまることができることこそが大切ではないのか。

遺族のサポートと執行について言って置きたい。遺族のサポートがうまくいけば、怒りの感情の突き上げと虚脱感に交互に襲われる状態から脱出して、平穏な日常は取り戻せる。これは遺族が犯人を許したのではない。人生の再出発をしたわけである。そこでは、殺したい気持ちがコントロールできている、あるいは、もう死刑にしてくれとか言い続けないでよくなる。遺族は元気を取り戻すほどに、死刑にせよなどといわなくなる。別の言い方をすれば、「八つ裂きにしてやりたい気持ちだ」ということと、「本当に殺したい」ということは大違いなのである。遺族のサポートの成功例は、そういう道を辿る。実は、最初のサポートは、マスコミから防御することも含まれる。

うまく再出発できないで、怒りがコントロールできないで、死刑を求める発言をしたことでもって、遺族の真意であるかのように報道することは慎むべきである。さらに、これには別の問題もある。遺族の発言の影響で死刑判決が下って執行されたさいに、何十年後かに、その遺族がその重みに耐えられるか考えると戦慄を覚える。遺族に死刑の決断という重いものを押し付けていることは大きな間違いだと私は思う。死刑を主張するなら自分でその責任を負わなければならない。遺族が望んでいるから死刑にという意見は、何から何まで間違いなのである。

厳しく批判してきたが、まだ希望はある。まだ執行されたわけではない。少年は死刑囚として暮らすが、他の死刑囚とはランクが違う。少なくとも一番最後に執行されるべき死刑囚である。つまり、先に１４０人以上の死刑囚をなんとかしてからというわけである。大臣署名のまえに、そもそも検事が当分起案（大臣に執行を提案）しないであろう。

死刑判決が下れば後は執行を待つだけと考えている人が、案外多いのかもしれない。しかし、死刑囚は長期間死刑を待つ。その間何をしているかは、大切である。殺されるのだから、もうどうでもいい、放置すればいい、見放したのだからといった雰囲気は現場には全くない。死刑だからこそ反省するように促すのが世話する側の仕事である。死刑執行する側のひとつの理想は、悔い改めて仏さんのようになって自分から受け入れて逝く人の手助けすることである。それでこそ人間として生まれ変わることができるという死生観もある。死ねば終わりというのは、宗教と一定の距離を置くために法がとる工夫にすぎない。確かに、死んでからどうなると想定するか皆が納得する考え方を求めて話し合うことは、厳しい対立を生むことはあっても、すばらしい合意にたどりつくことはないであろう。そのために、法はあえてそこを伏せたのだが、人の死について あまりにも単純化された言説が多すぎる。殺人の罪は命を軽んじたことなのだから、殺人に対する対処は、何よりも命を重く受け止めたものでなければならない。

警察現場のやりがいを取り戻せ

2012年04月16日

ひとつの事件から「近頃の警察は」と一般化するのは間違いだが、今回のストーカー殺人事件へのお粗末な対処は、一警察官のミスではない。この機会に、警察のあり方について反省することは有益であろう。不祥事とストーカー事件という二つの観点からみておきたい。

最近、警察官の不祥事が多数報道されている。昨年1年間の処分者は367人で2010年から高止まりしているという。警察組織は腐ってきているのであろうか。私の診断では、ことはそう単純ではない。まず、大きな視野で捉えると、不祥事の重大さも数も、先進諸外国の警察官と比較すれば桁違いに少ない。ということは、このような信頼度が高い警察を作ることがなぜ達成できて、それが今、少し揺らいでいるのかという視点でみなければならないことになる。

ところが実際は、警察官の質は良くなっているというのが私の観察結果である。犯罪が増えた、凶悪化したという治安悪化を信じている国民が8割以上いるようであるが、実は違うことを私は指摘してきた。今回は、治安悪化同様、警察官の悪化も統計のマジックと報道に惑わされた、誤った印象だと言わなければならない。1950年代、刑務所では年間何百人もの脱獄があり刑務官は受刑者によって数名殺害されていた。当時、警察は、まだまだ拷問をやめず、冤罪と気付いても対面を保つために、無実の者を自供させて何人も死刑に追いやった。80年代に再審無罪が確定しただけでも4人もいた。時代が落ち着いた後、1984年でも元警察官による連続強盗殺人事件が起きている。悪化論が今の時代に受けるというようなことで軽はずみな判断を下してはならない。

処分者が増えているのは、不祥事を働く警察官の増加よりも、内部への監督強化の結果であるという仮説が成り立つ。私の知る限り、警察庁の中枢部分は、不祥事を隠蔽する古い体質から脱却することを模索し始めていると思う。しかし、それが十分に徹底されていなかったということが露呈したのが今回の事件であったと思う。

ストーカー事件への対処についても考察しておきたい。ストーカー行為は、極めて最近「発見」されて立法された罪種である。異性に対する未練からオッカケルことは昔からあったかといえば、心情的にはあったであろうが、身近な他者が止めていたと推測している。未練がましいのは恥とされる文化があり、友人の目が抑制力となっていたし、宥める人もいたということである。人間関係の希薄化から、この止める役の他者がいなくなり、警察が取って代わったのがストーカー規正法の成立の背景事実であると私は捉えている。そうだとすれば、ストーカーというのは、伝統的には犯罪者らしい犯罪者ではない。したがって、その人と付き合った被害者にも、警察官にも、危険人物に見えなくて当然ではないかと考えられる。危険なストーカーへの対処は、これからノウハウを蓄積すべき難問なのである。もちろん、このことを押さえた上でも、今回の事例は、対応に丁寧さを欠いたと言わざるを得ない。

では、どうすればよいのか私の対処案を示したい。不祥事対策の王道は、監視強化や厳罰化ではない。そもそも警察活動は、会社の建物内でするものではなく、取引先からの情報もない、時間帯も深夜も早朝もある。つまり監視が行き届かないのが警察活動なのである。職業柄、監視の目をかいくぐるにはどうすればよいかも警察官は熟知している。そのことを考慮すれば、むしろ不祥事が少ないのが日本の警察の特徴であった。監視されないのにしっかり働く鍵は、現場にやりがいあるということしかないと思う。

ところが、現実は、単純にできるだけ多数の犯罪をあげれば評価されるようにはなっていない。犯罪を減らすことを目標にせよと上から指令が来れば、仕事を頑張って多数の事件を処理すれば犯罪の数は増えてしまう。見逃したほうがよいわけである。犯罪学では知られるこのジレンマを解決するのは実は簡単である。警察による認知件数を犯罪発生数であるかのように扱うことをやめて、犯罪状況は、犯罪被害者調査で毎年調べればよい。犯罪被害者調査とは、アンケートによって過去1年あるいは5年間にどのような犯罪被害にあったかどうかを調べる調査で、世界の犯罪学では、この調査によって犯罪状況を計測することは常識である。これだと警察が見逃した事件も、通報されなかった事件もカウントできる。そのうえで、どれだけの事件を扱えたかを競うように警察活動をすればよい。これなら純粋な正義感で検挙に勤しめる。

名張毒ブドウ酒事件とＯＪシンプソン事件

２０１２年06月01日

名張毒ブドウ酒事件再審請求が棄却された。悪い意味で予想どおりの決定だ。事件に対する私の評価を率直に述べれば、物証や鑑定は信用できないもので再審の必要性がある。ただし、奥西勝死刑囚は、検察と弁護団のやり取りから読み取れる状況判断からは、おそらく真犯人との心証である。裁判官の心のうちが覗けるわけではないが、裁判官も私とそう異なった心証ではないと推察している。現在日本の裁判所の傾向として、無実の可能性が極めて高いときでさえ大変苦労してようやく再審が認められる。そうだとすれば、黒であると文句なしには言えないという程度の名張毒ブドウ酒事件の再審が認められることはむずかしいと予想していた。

「疑わしきは被告人の有利に」をめぐる論点は法律家にまかせて、捜査の話をしたい。妻と愛人をめぐる三角関係といった背景が出てくると、単純に、それが原因で二人を殺すという動機があったと見てしまう。殺人事件を深く考察すればそんな理由で殺人が起きることに納得してはいけない。しかし、自分もわかったような気になるし、他人もそう思うであろうから公判も簡単に乗り切れると考えてしまいがちである。その結果は、物証を固める捜査を十分にしないし、「オマエダロ」と自白させてしまえということになる。一審津地裁が無罪を出しているぐらい証拠も自白もいいかげんなものである。

　この状況はアメリカで有名なＯＪシンプソン事件を想起させてくれる。シンプソンは、妻とその愛人を殺害し、逃走したということで、やはり犯人に決まっているという油断から証拠の収集と保存が十分になされなかった。そして、そこを見事についた弁護団の腕前によって無罪となった。おそらくＯＪシンプソンは真犯人だが、それでも物証がことごとくインチキであることが明白になったときに無罪判決を確定させるのがアメリカの司法である。それに比較して、日本の裁判官は心証黒を重視するあまり、ルールを守らない。日本の刑事司法には、警察官や検事が、黒だという直感に頼ってしまい、物証を十分に重視せず自白に頼るという悪弊がある。それを正す気運が高まっているなか残念な決定であった。

検察の自浄力には期待できない

2012年07月09日

6月27日、小沢一郎衆議院議員の陸山会事件についての捜査報告書に、捏造された事柄が事実として記載された件について、検事を不起訴処分とする最高検の報告書が公表された。処分内容の検討に入る以前に、私が注目するのは、このタイミング設定である。この日は、東京電力を初めとした電力会社の株主総会が予定されていた。同じ日に株主総会を重ねて乗り切る手法は、脱法的手段として批判されてきたが、その同じ日に、検察の処分を公表すれば、新聞での取り扱いも小さくなると見越したと私には見て取れる。最高検みずから、自分たちの報告は正当なものではないと大声で告白してしまったようなものである。もはや、検察庁の自浄力に期待することはきっぱりやめて、外から切ることを本気で考えるよりほかない。

この事件については、郷原信郎元検事が、ブログ「『社会的孤立』を深める検察～最高検報告書は完全に破綻している」等において、すでに詳細な検討を示している。その論旨には完全に同意できる。検察は、小沢を不起訴処分とした理由を説明する役割を果たすかわりに、検察審査会が起訴するように画策した。その手段として田代政弘検事が虚偽の事実を故意に捜査報告書に記入した。そして、田代の上司も、そのような方針を支持していたことは明白である。最高検の報告書は、まともな根拠がひとつもなく、結論ありきの作文である。残念だが「検察が言うなら、カラスだって白いのだ」レベルの印象を受けた。

詳細な論点は郷原氏のブログにまかせて、私は、より大きな視点からこの件について論じたい。すなわち、特捜の社会的役割、あるいは存在意義についてである。

収賄罪の取締りという側面は、小沢一郎に関しては当たらない。ダム建設に絡む談合問題もあるが、企業からの政治献金が焦点であろう。義体制を堅持するために企業から保守政党に多額の献金がされることはヨーロッパ西側諸国でも同様であった。冷戦が終結すると、政治体制を壊さないかという遠慮の必要がなくなり、多数の政治家が摘発されるとともに、政治資金を政党交付金として税金から手当てするように改革された。日本も、大筋この路線できているとすれば、政治家への不正な献金に対しては厳しく取締る必要があることになる。この理屈が、小沢に対する厳しい処置の正当化根拠であろう。

ところが、日本にはというよりも、検察に固有の文脈がある。政治腐敗と戦うことを、国民から、特捜検察に期待されているという思い込みである。特捜はマスコミ幹部と緊密な連携を取って、長期政権を続ける自由民主党のチェックをしているつもりであった。特捜が誕生した昭和電工事件まで遡る必要はないが、田中角栄逮捕事件抜きに、今の小沢の問題は理解できない。検察は、マスコミ等の有力者とも相談熟慮の上、田中角栄元首相の逮捕は、国益にプラスと判断し突き進んだ。しかし、田中は、一審有罪判決を受けながらも、選挙では圧勝し、日本最高の権力者で居続けた。検察が、小沢に対して躍起になるのは、この延長戦をしているように見える。しかるに、時代状況は大きく変わっている。国民は、選挙によって、自由民主党政権を葬った。政権交代が起きる時代になったのである。その時点で、特捜が、有力政治家を検挙する意義はもう大きくない。そのうえ、小沢自身、すでに政治生命は残り火程度にしか保持していない。国民福祉税の名において消費税を7％に上げようとした張本人が、いまさら消費税反対と言っても説得力がない。脱原発なら、菅直人を降ろした説明がつかない。小沢が、非常に期待を抱かせてくれるカリスマ性を持った政治家であることは認めるが、ただ権力と選挙だけ考えていることがばれてしまっている。年齢の高さも致命的であろう。

そのような小沢に対して大きな力を割いてきた検察は、大局を見誤っている。国策捜査なる言葉があるが、小沢を追っかけることは、国策については何も考えずに、検察内部で小沢をやったら一番評価されるという信じ込みに基づいているように思われる。それで、一部の検事が暴走してしまったと私にはみえる。一審有罪判決をくらっても権力をほしいままにした田中角栄と戦う検察に対しては、実際、多方面からの支持があったろう。だが、現在の、小沢との戦いは、そもそも何のためなのか問われなければならない。いくらなんでも、小沢が検察の改革を仕掛けてこないか恐れて、組織防衛のために云々であるとか、民主党の小沢嫌いのグループが検察をそそのかしたといったような低次元の陰謀論は当たっていないと信じている。今後のことを考えて見たい。

特捜は、機能としては依然として重要であるが、手柄目当ての大物狙いではなく、地方自治体周辺にまだ存在する法治を超えた妖怪のような人物や、近年驚くべき高給取りとなった企業経営者をチェックするなど、社会のニーズに合わせて活動してほしい。検察内部での評価が全てで、検察以外の人間とはほとんど付き合わないという組織風土を一掃しなければならない。

検察全体についても、考えて見よう。多数の幹部の方々と接した印象で、個人ベースで問題な人物がいるということではないと明言できる。異常に長期政権であった自由民主党との釣り合い上なのか、検察は「天敵」がいない強固な組織となっている。法務大臣の指揮権は、陸山会事件に限定すれば発動してよかったと判断するが、一般論として、これに頼るのは正道ではないと言わざるを得ない。一昔前は、平野龍一、団藤重光など、検事も頭が上がらない学者が、法制審議会を通して一定のチェックを働かしていた。しかし、これも今は機能していない。法制審議会のメンバーの選び方を見ればわかるが、批判的なことを言う人は完全に排除されている。

制度上、裁判官こそ、本来的に、検察の「天敵」であるはずだが、99・9％以上の有罪率が示すように、それができなかった。今後、裁判官が、検察を正当にチェックすることが最善であろう。歴史を紐解けば、もともと日本において、検察は裁判官の上に位置するといってよい状態であった。裁判員制度の導入ではじめて裁判官は思ったとおりに判決できるようになると私は、別稿で主張してきた。裁判官が、牙を取り戻すのではなく、はじめて裁判官らしく行動する時代がきていると私はみている。

田代検事だけでなく、幹部の犯罪についても、検察審査会による強制起訴がなされ、裁判官が正しく裁くことが最良の道と考える。これまで検察審査会は、やらなくていいことはやらないほうがよいという制度運用の機微をあまり理解できず、自分たちが担当した事件を真剣に扱おうと思うあまりか、どちらかというと起訴しすぎる傾向であった。よほどのことがないかぎり、この件は起訴されると予測している。最近、進境著しい、目覚めつつある裁判官に、期待したい。

反省した裁判官と、正義感なき検察

２０１２年06月21日

東電ＯＬ殺人事件の再審が決定され、検察側の異議も認められず、ゴビンダ・プラサド・マイナリさんはネパールへ帰国した。やがて無罪判決が下されることは確実である。この事件の処理を振り返り、良かった点、悪かった点を整理しておきたい。

ゴビンダさんに注目が集まりがちであるが、刑事司法の本分に立ち返れば、まず、真犯人を逃がしてしまったことを悔やむところからはじめなければならない。真犯人のデータを保管していたことが、今頃出てきても、捜査にならない。弁護側の証拠開示請求があったにもかかわらず、ゴビンダさんに有利な証拠類に目をつぶり、そのような証拠があるかどうかさえ隠していた検察の行為は、言語道断、真犯人を裁きたいという、基本的な正義感が抜け落ちている。

検察にも警察にも、まず冤罪を防いで人権を守れなどとは要求しない。人権は、裁判官や弁護士の役割とあいまって、守られれば良い。検察と警察の本分は、真犯人を上げることである。検察について、有罪を勝ち取ることが自己目的化しているという指摘がどこまで本当かは検証できないが、今回の事件で、正義感が欠如していることが明確になってしまった。ここが、この事件の最大の反省点である。私自身は、検察官には、立派な人が多数おられると認識している。検察の組織文化を大きく変える必要があると考えている。

次に裁判官について見ておこう。この事件は、一審無罪の後も、裁判所の判断により、身柄拘束され、高裁で無期刑、最高裁で確定してしまっていた。ところが、再審請求の途中、高裁が、証拠の提出とDNA鑑定を求めた結果、有力な容疑者である第三者の存在が明確となった。これが決め手になり、嫌疑が晴れ、再審決定となった。

裁判官は、検察を、よく言えば信頼し、悪く言えば頭が上がらず、その結論を追認するばかりで、有罪確率は99・9％を超えていた。この態度を改め、主体的に判断するという裁判官の本分に立ち返ったと見える。このことは素晴らしい。刑事事件について、警察や検察が主役であるかのように、冤罪の責任が被せられてきたが、刑事裁判の主役は裁判官である。冤罪の責任者は裁判官であり、冤罪を防ぐことは、裁判官にかかっている。この部分の正常化は、今後のことを考えるに、非常に心強い。

弁護側の、努力もスキルも見事であったことは法曹界の誰もが認めるところである。むしろ、これほどの弁護団がついて一審無罪をとっても、上級審で覆されてきた過去は、残念な状況であったと思う。

警察についても、検討しておこう。警察が、被害者と深い係わりがあったゴビンダさんを、当初、真犯人と勘違いしたことは仕方がないと考えている。そして、再審の決め手となった証拠を採取して冷凍保管していたことは褒められて良い。そのうえで注文だが、DNA型鑑定の使い方について、しっかりした指針を持つべきである。都合のいいときだけ使うのはもってのほかである。

イギリスは、DNA型データベースを充実させ、最も、DNA型検査を積極的に使う方針を採っている。

その制度導入のさいの議論に、二点重要なことがある。過去の犯罪者の証拠を全てＤＮＡ型鑑定することが条件とされ、多数の性犯罪者が、真犯人でなかったことが確認された。ＤＮＡ型鑑定は、犯人特定だけでなく冤罪を晴らすにも強力な武器であり、捜査側の都合で使い分けずに活用すれば、人権を守る方向にも働くわけである。

第二は、ＤＮＡ型鑑定ができるから、容易に犯人が捕まえられると勘違いしないことである。刑事の勘で、被疑者を身柄拘束し自白させるパターンは、全件ＤＮＡ型鑑定されればボロがでる。より一層の丁寧な捜査が求められていると警察現場は認識すべきである。折角、真犯人と強く推認される者の精液を確保していたのに、ＤＮＡ型検査していなかったとは情けない失態と言わざるを得ない。

誤認逮捕・起訴、明日は我が身に

２０１２年11月01日

真面目に暮らしていても、誰でもが犯罪被害者になる可能性が出てきたことにより、犯罪数は減少しているのに、安全神話は崩壊した。私は、そう指摘してきた。これと類似したメカニズムにより、今回の、パソコン遠隔操作のせいで普通の大学生などが幾人も誤認逮捕され起訴までされた事件は、今後の刑事司法に大きな影響を与えると予想される。真面目に暮らしていても、誰でもが誤認逮捕され人生を狂わされるかもしれないとなれば、警察と検察に対する目は厳しくなる。警察と検察は、もはや真面目な市民の味方ではなく警戒すべき対象となる。

もう少し詳しく説明しよう。誤解を恐れずに言えば、冤罪は、これまでもあったが、その対象となる人は、「疑われやすい人々」であった。捜査が暗礁に乗り上げたとき、この付近でこんなことするやつは、こいつらだろうという目星をつけて、「オマエダロ」と尋問して自白させるのが、これまでの冤罪パターンであった。したがって、冤罪被害者は、素行不良の例が少なくなく、一般の人々にとって、これは自分たちの危機とは感じられなかった。今回の冤罪被害者たちは、夜遅くに繁華街をうろついたり、悪い連中とつきあったりしていたわけではない。それなのに疑われたのは、ＩＰアドレス追跡の結果だけであった。

関連した要素をさらに検討しておこう。誤認逮捕と報道されているが、問題は誤認逮捕にあるわけではない。大きく報道されることがないため、誤認逮捕はこれまでなかったと誤解されていると感じる。統計はないと思うが、結構な数の例を知っている。それに、逮捕されて、嫌疑なし、嫌疑不十分という処分カテゴリーは、見ようによっては誤認逮捕である。それらが問題にされなかったのは、被疑者側に、疑われても当然の理由があったからである。言い方を変えるなら、警察と検察は、根拠さえあれば、冤罪で実刑にしてしまっても失敗ではないという意識である。

それでは、疑われて当然という根拠は何か。そこに、犯罪実行時にそのあたりにいた、日ごろの素行不良、十分に合理的な弁解ができないなどがあげられる。捜査・取調について一般的に考えてみると、犯罪は基本的に見つからないようにされるものであって、捜査は容易な作業ではない。文句なしの物証があればともかく、少しの情報でもよいから集めて犯人にせまる。被疑者が特定されれば、今回なら、その社会的地位、素行を調べ、問題となった書き込み以外の掲示板にどのような書き込みをしているか、アリバイはないか、本人の言い訳をよく聞いて……とやることはたくさんある。報道されていることからみるかぎり、神奈川県警と横浜地検が扱った明治大学の学生の場合、そのどれもが為《な》されていないようである。ＩＰアドレスを遡っただけで、完璧な物証と勘違いしたのであろうか。

イギリスで、ＤＮＡ型鑑定が導入されたとき、たとえＤＮＡ型が一致しても、それだけで決め手と考えないで、本来やるべき捜査をしっかりすることが大切であると確認されている。高度な科学技術を用いたから無謬になるのではなく、いくらでも落とし穴はある。従来の捜査を十分に尽くした上でＤＮＡ型判定がそれに加わってこそ捜査力を上げるプラス効果となるとされている。

日本の警察をイギリス警察と並べて比較しては不公平な部分はある。日本では、物証を得る捜査がやりにくい。そこで、従来から、刑事や検事の勘に頼ってきた。その勘が失われてきていることを今回の事件は浮き彫りにした。自白に頼ることも、長い伝統であるが、その伝統に従うならば、自白内容が腑に落ちるかどうか吟味しなければならない。それをサボって、しかも、調書さえ取れれば裁判官は有罪にしてくれるというぐらいの意識だったのではないか、しかも、そういったことがあたりまえになっているのではないかと危惧させられる。

裁判官と裁判員は、調書や上申書を、今後、証拠と見なさないほうがよいであろう。それによって、現場が簡単に変わりはしないとしても、それが、まず最初にやるべきことである。警察、検察の捜査と取調べは、根本から見直すほかかない。

横浜刑務所不祥事の原因と対策

２０１３年01月04日

横浜刑務所で、受刑者の診療録の誤廃棄を隠すため、開示請求された文書を捏造する事件が起きた。私は、横浜刑務所の刑事施設視察委員を２００７年より3年間つとめ、誤廃棄がなされた２００９年度には視察委員長をつとめていた。公文書偽造・同行使容疑で書類送検された医務部長とも当然、面識がある。今回の事件の原因について踏み込んだ考察をしてみたい。対策については、当時、視察委員長として法務大臣宛の意見書で提言したことと一致する。刑務所長が毎年入れ替わり、他の幹部もほとんど短期で移動するなか、幹部としてただひとり10年以上勤務を続ける医務部長を監督できるわけがない。刑務所長の任期は4年以上とし、例外でも3年は勤めていただかねばならないと考える。

まず、朝日新聞の報道より、経過を確認しておこう。２００９年、当時の衛生係長と医務部事務係は、10年間の保存が義務づけられている公文書にあたる受刑者の診療録を、保存期間を5年と勘違いしたのか、１９９９~２００４年分、約3、６００人分を誤廃棄してしまった。誤廃棄に気づいた事務係は自分の人事異動を控えた２０１１年2月、２００２~２００４年の診療録があるように装うため、1カ月ごと3年分の背表紙を付けた偽ファイル36冊を作成した。中身は、２００５～２００７年の各月の診療録から半分抜き出してとじ込んだという。なお、この偽装工作を衛生係長は黙認した。医務部長も誤廃棄については知っていた。

そこに、２０１２年４月、朝日新聞が、刑務所の文書管理の実態取材の一環として、２００２～２００６年に横浜刑務所にいた受刑者のうち、代表として各年１人ずつの計５人分の診療録を情報公開請求した。誤廃棄の発覚を恐れた医務部長と衛生係長は、収容中だった３人の受刑者のカルテに、２００２～２００４年に出所した別の受刑者の名前などを書き入れた表紙をつけ、この３年分の診療録と偽って開示請求担当者に提出した。東京管区は、その捏造された診療録を５月、病名や症状、処方内容などを黒塗りにして開示した。

誰がどのようにして見破ったのかは、報道されていないが、法務省東京矯正管区は２０１２年12月12日、横浜刑務所の医務部長（59）と医務部衛生係長（45）を公文書偽造・同行使容疑で横浜地検に書類送検した。前医務部事務係（38）は訓告処分、監督責任のある伊藤譲二・横浜刑務所長を厳重注意とした。なお、医務部長は当時の所長に誤廃棄について報告していなかったという。もう一点、法務省東京矯正管区によると、同省は２０１１年４月、横浜刑務所を含む管轄の全組織に対し、異なる部署同士で年１回、公文書の管理状況を点検するように通達したにもかかわらず、前庶務係長（50）は所内各部署に通達を伝えていなかった。そのため、戒告処分となった。そして、横浜地検は２０１２年12月21日付で送検されていた両名を不起訴処分（起訴猶予）とした。

この事件の原因を探るとすれば、大きく刑務所医療の問題と所内の管理の問題の二点に分けられるだろう。今回焦点を絞りたいのは、後者であるが、医療問題について、先に簡潔に整理しておきたい。受刑者も治療を受ける権利があり、塀の外に出せない者の治療のために刑務所内に医者が必要である。それも、緊急事態も考えて、常勤医が不可欠である。ところが、医者の側からみれば、重篤な病人は医療刑務所に送られ、普通の刑事施設では、チャレンジングな医療はできない。そもそも、設備も古い。収入も、開業医よりもかなり低くなる。常勤医には、世のための奉仕をしていただいているというのが現状である。したがって、人員調達に苦労が絶えず、この横浜刑務所の医務部長のように長年勤めていただいているようなことが多い。私の印象では、この医務部長も所内で大変信頼されていたように思う。そこに落とし穴があったということであろう。

刑務所の管理面についてだが、事件の重大性について言及しておく必要がある。診療記録の保管は、受刑者が医療を受ける権利が守られるようにすることが制度目的である。今回、文書の保管に問題はあったが、発覚してはまずい記録を葬ったのではなく単純ミスであった。もちろん、単純ミスを装って大事な記録を「失くす」ことはよくあるので注意しなければならないが、今回は、本当に単純ミスだと私は見ている。当時、受刑者から医療についての苦情の手紙が、視察委員に対する提案書として、どの受刑者でも投函できる状況にあり、それを読んでいた者としての手ごたえである。それを前提に考えると、個人の刑事処分としての起訴猶予は妥当であろう。むしろ、公文書の管理ができていないことは、組織として重大なのである。組織の問題を考えておこう。

情報公開と絡んだ公文書の管理の重要性というのは、近年、重要になってきているが、確かにかつては、それほど重視されてこなかったことも事実である。中央にいる者にとって、時代の要請が変化し、情報公開が重要になってきていることは、ある程度認識されていると感じる。しかし刑事施設の現場では、そのような世間からの要請に、それほど敏感であったとはみえない。前述のように通達を出しても、現場の課長がサボッているなどは典型的な出来事である。どうやって現場の意識を変えるか。そこに問題があったと考える。

振り返れば、1960年代までは、刑務官が襲われて毎年数名が命を落とし、脱獄も多数あった。戦後、治安はよくなり続けた。量刑が上がったために、90年代から受刑者が増え続け、一時過剰収容に苦しんだが、暴動だの脱獄など、ほぼありえない状態であり、基本的に、刑務所内は、驚くほど静かになった。これは素晴らしい成果とも呼べるのだが、緩みにもつながる。私は、2007年から3年間横浜刑務所の視察委員を担当したさいに感じた、ある種の緩みについて、少し詳しく論じておこう。

かつて、世の中の人々は、刑務所で受刑者たちがどうしているか、ほぼ完全に情報が無く、「お上にお任せ」状態であった。それが許されなくなってきたところに、1995年以降の治安悪化の勘違いもあって、刑事司法の情報は、隠して安心してもらうことは不可能となってきた。裁判員制度と比較すれば地味であったが、刑事施設視察委員制度もできて、その趨勢は制度的にも進むこととなった。だが、現場は、以前よりも状況が改善されており危機意識が少ないように思う。私が視察員を続けて担当するなか、幹部の入れ替わりが早すぎることに気づいた。官僚一般に担当部署を早く変わりすぎと言われるが、それに比較しても酷かった。2009年の春には、所長、総務部長以下、課長以上の8割がたが移動で交代。前年度に横浜刑務所にいた幹部は、くだんの医務部長とあと一人が、部署を変えて留まったにすぎなかった。これでは、春に幹部と顔合わせしたときに、私のほうが、刑務所内部の地理に詳しいぐらいであった。そこで、年度末の、法務大臣宛の意見書に、幹部移動が多すぎることについて改善を提案した。

法務省の幹部から聞くところによると、いわゆる団塊の世代の退職が相次ぎ、それに対応するために、幹部の異動が頻繁になったそうで、これはある程度、一時的な現象ということであった。しかし、よく考えてみると、これは問題が大きい。刑務所のような閉鎖空間では、中央からの監督の目はなかなか行き届かず、所長の対応能力は重要である。それが毎年変わるというのは、どう考えてもおかしい。1年目は慣れるのにせいいっぱい。2年任期でも、問題点に気づいて改善していくには時間がない。どうみても自治体の首長なみの4年が必要とみる。人事上の都合を無視するわけにはいかないとしても例外的に3年といったようにするべきである。全てのポストに序列がつき、序列どおりに人をずらす人　事をするから、頻繁に移動となる現状を打破し、各人が、ポストの序列を抜いたり抜かれたりするようにするほかない。

刑事施設視察委員という外部の目を入れたことによって、はっきりとおかしい部分を見つけて指摘することは、まさに制度が想定したことである。是非とも、この意見を取り入れてほしいと願う次第である。

ＰＣ遠隔操作事件、裁判官の能力は十分か

２０１３年04月19日

大きく報道されたパソコン遠隔操作事件は、被疑者が逮捕され、一部の事件は起訴に至っているが、一件落着にはほど遠い。それは、全ての事件が解明されていないという意味ではない。判決が悩ましいと予想されるからである。

誤認逮捕があったため、警察の捜査力と取調べの問題点がクローズアップされた。自白に頼りきりの捜査、裏づけ捜査の不十分さなど、確かに、従来から批判されてきた欠点がさらけ出され、これはこれで大きな問題である。片山祐輔被疑者が、無罪を主張していることもあり、引き続き、警察の動きに焦点を当てがちであるが、別のところにより重大な問題があることを指摘しておきたい。

一般論として、冤罪事件が発生すれば、警察と検察が批判されることが多いのだが、他稿で繰り返し指摘してきたように、冤罪の第一の責任者はあくまで裁判官である。裁判官が、有罪に疑念を抱きつつも思い切って無罪判決が出しにくかった状況は、改善の兆しを見せている。しかし、裁判官が精密すぎる事実認定を求めるがゆえに、警察と検察が「無理」をして、最悪、証拠捏造にまで至る、そこまでいかなくても検察側

にとって不利な証拠を隠すという悪弊は是正されるのか。この問題解決は悩ましい。無罪を出して冤罪さえ防げばよいとはいかないとすれば、この完璧主義の問題が是正されるということは、ある程度の証拠でもって有罪にするということである。その線引きをしっかりしなければならない。当然のことなのだが、これが、PC遠隔操作に絡むとなると悩ましい問題が発生する。

PC遠隔操作をするためのソフトの能力上、発信者が誰であるか、解明が極めて困難になっている。インターネット上の「自由」と言えば聞こえが良いが、匿名性の高さは、恐ろしいほどに堅持されている。それが、アメリカ政府の方針であり、言論の自由が制限されている国での民主運動を支えるためなのかどうかはともかくとして、この状況は当分変わらないと覚悟すべきであろう。このように遠隔操作された側から辿れず、被疑者のPCが完全に破壊されていれば、証拠はどこにあるのか。新聞報道によれば、遠隔操作されたPCからウイルスは復元できなかったが、そのPCが接続した痕跡がある米国内のサーバーに同種のウイルスがあり、それは片山被疑者の勤務先のPCで作られたことを示す情報があるという。これで十分とするのかどうかである。

さらに問題になるのは、FBIが見つけてくれたというサーバー内にあったとされるデジタルの痕跡は、コピーして持ってくるのであろうか。その際に、なんとでも書きかえられはしないのか。デジタル痕跡の証拠をどうやって保全し証拠とできるのか。デジタルフォレンジック（鑑識）の問題も明確に解決されていない。

誤解を生むといけないので一言断って置こう。匿名性を確保できるソフトがあるからといってサイバー空間は犯罪し放題になっているわけではない。犯人が多数の犯行におよんだ場合は、一度でもミスしてくれれば証拠が入手できる。そして人は必ずミスをする。考えて見ればリアルワールドでも犯人がミスしなければ捕まらないのは同じである。今回の事件も、幾つかの事件で経由サーバーが一致してくれば証拠能力は異なってくる。

話を戻そう。ある種の遠隔操作ソフトを使って痕跡を丁寧に消されれば、完全な物証を揃えることは不可能に近い。そのなかで有罪にするために証拠十分とする決め手になるものがあるのかである。片山被疑者が逮捕されてから、犯人からのメールが来なくなったから、片山被疑者が犯人であるというのは乱暴すぎる。メールが来れば無罪は言えるが、来ないことが十分な証拠とは言えない。また、前歴からみて、今回の事件の犯人像にピッタリであることも、前歴は、刑事司法のルールとして予断を与える事項として排するべきとされており無理である。

結果として、証拠認定の際、インターネットとPCについて、かなり込み入った知識が必要になると予想できる。ところが、裁判官にその知識があるのかどうか大いに懸念される。この方面の知識を持った者は、今や防衛省に集められ、警察も人材不足気味である。私の知識も大したことないレベルであるが、それでも、これまでの判決を見る限り、裁判官の知識が十分とは思われない。やっとのことで最高裁で無罪になったウイニーの事件だけでなく、IT技術がかかわる領域では、誤判、それもレベルの低い誤判が散見する。ここで言う誤判とは、犯人の取り違えではないが、IT技術やネット上の振る舞いについてまるで素人と感じられる判断をしていることである。裁判官が正しく判断してくれなければ、警察官も検察官もどうしようもない。裁判官の研修が急務であることを指摘しておきたい。

若い法曹を合格させてから鍛えろ

２０１３年07月02日

大学院を強制的に整理しようという案が提出されている。当初の考えでは、日本社会の将来像を考えれば、グローバルスタンダードに合わすためにも、規制緩和自由競争で、行政による事前指導型から司法による事後解決型の社会にする。そのためには世界レベルで人口当たり最少の法曹数を念頭においても年間３千人を育てるということであった。どこで間違えたのだろうか。司法を使わない企業社会が悪いのか、弁護士に領域開拓の努力が足りないのかといった議論がなされている。新人弁護士は、新領域開拓どころではないのだから、従来からある仕事領域をあてがい一人前になってもらい、腕利きの弁護士を新領域開拓に差し向ける仕組みがないと、この構想の実現は無理ということを他稿で指摘した。自由競争に任せていては、目標達成はできないということである。今回は、法科大学院問題を意識して、使える弁護士の教育という観点から述べたい。

対象を刑事領域に限れば、実務で大切なことは間違って有罪の判断をしないことと、適切な量刑をすること、そして結果だけでなく当事者達が納得や満足できるプロセスである。ところが、新司法試験は、刑法、刑事訴訟法のみが試験科目である。犯罪学や、証言者の心理学、犯罪者の更生などを学ぶ刑事政策が有用だと思うし、被疑者、被告人、被害者、その遺族などとどのように接すべきか、また、法廷での弁論技術も磨きたい。しかし、これらは学ばれていない。それどころか、法科大学院学生相手にアンケートすれば、そのほとんどは松川事件の名前さえ知らないし、現在の最高裁長官の名前を言える学生も1割にとどかない。何を教えているのであろうか。

刑法学者達は、残念ながら犯罪についても犯罪者についても素人同然の人が多数派をしめており、刑法理論に勤しんでいる。確かにドイツの刑法理論は、おもしろく研究価値はある。彼らの研究者としてのレベルの高さは疑いの余地はない。しかしながら、学者養成はともかく、実務家の教育者としては、不適格ではないかと考える。司法試験は、必要以上に刑法と刑事訴訟法の理解を求めている。むずかしい事件に遭遇すれば調査して対応できる能力があればよく、短時間で見事な答案を書ける必要はない。資格試験という原点に帰って、十分な法知識があるかどうかに限定するべきである。実際に実務で出会う被疑者への応対に必要な人間力は、これは競争試験になじまず、合格させてからの研修所以降の教育で、実務をやりながら先輩が教えるべきである。とりわけ弁護士については、予算を投入して若手を鍛える仕組みを作らないと、一年に短縮された研修所での修習では、即戦力となる人材は出せない。

民事法領域でも、依頼人の話を丁寧に聞いて、相手方とよく話し合うといった、実際に役立つ交渉力などよりも、民法理論偏重となっており、必要以上の知識が新司法試験で問われていると考える。資格試験なのだから、法科大学院を出れば8割の学生が合格するのが当然である。法曹資格を安定高収入特権の付与と考えるか、弁護士の業務がこれまでと変わらないと考えるか、とんでもないことを前提にしないかぎり、合格者を人数で縛ることは暴論に近いと考える。若手を鍛える研修力が不足しているから人数制限ということなら理解できる。でも、それなら法科大学院の充実こそ必要となる。実際、大卒のいわゆる司法試験浪人が予備校に頼っていた、法科大学院前史時代は、平均27歳で司法試験に合格していた。これと比較すれば、現在の法科大学院は、はるかに充実した教育を行っている。

法律を学び法曹資格を持った人材は、多く出ればでるほど日本社会のためになると素直に考えるべきである。法科大学院で真面目に学べば、24～25歳で新司法試験に合格できるようにすれば、実務家になってから役立つ科目に取り組む余裕もできる。試験科目を減らすと受験生の負担が減るというのは、人数で合格者を切る競争試験では、全くの思い違いである。試験科目を絞れば、予備校が喜ぶだけである。むしろ、犯罪学などの周辺分野、労働法などの多数の法領域の基本を問う試験科目があったほうが、よほど即戦力を生み出すには有効的であろう。

実定法学者の中には、旧試験時代のレベルと比較して、新司法試験合格者の法知識レベルは低くなったという人がいる。しかし、弁護士を雇いたがらない企業は、弁護士の法知識が不足しているから雇わないわけではないと私は考えている。何のスキルもない新卒を好む企業さえいるぐらいである。仕事させながら鍛えるつもりなのであろう。

結論としては、新司法試験に3、000人以上合格させるということである。多数の合格は、若く合格させることを意味し、極めて重要である。若くして合格させてから鍛えることこそが本道ではないのか。

原発産業を取り巻く構造に司法のメスを

2013年08月09日

原発の建設と維持に関連して、電力会社とゼネコン、自治体の首長、政治家の親族企業などの間に、違法性が疑われる関係があるのではないかとの憶測は、かなり以前からあった。朝日新聞の最近の取材によって、この疑惑は深まっている。ところが、それにもかかわらず、東京電力は事態を解明して対処に向かう姿勢を全くとっていない。また、警察、検察の捜査がなされている気配もない。この事態は、どのように理解すればよいであろうか、原発産業と司法介入という視点から一言しておきたい。

原発事故に対する損害賠償は、法学者から見れば、本来、原発の製造者の責任であって電力会社の責任ではない。そこを曲げて電力会社の責任とする立法がなされたのは原発がGE製だったからであり、これは一種の「日米地位協定」あるいは「不平等条約」である。さらに、原発は、核兵器の工場としての側面を持つことも想起しなければならない。詳しく論じるまでもなく、原発は、電力供給という電力会社の本来の機能だけでなく、安全保障に係わる役割が大きい。したがって、電力会社から見れば、国家政策に協力してやっているぐらいの感覚があっても不思議ではない。電力会社側で、全て決められるわけではないという、無責任とまで言わずとも腰の引けた態度を取るのには、このような理由があると解したい。

そうだとすれば、事は、安全保障がらみの汚職と司法介入という視点で捉えられなければならない。これには海外の興味深い事例がある。ベルリンの壁が1989年に落ちる前、つまり冷戦期の西独、仏、伊等において、資本主義側に立つ政権を維持し、共産党系の政党が支持を伸ばさないことが国是とされていた。その期間、政府を支えるために産業界から不透明な資金が流れても大目に見るということが、司法機関にとってなされていたと言われる。とりわけ安全保障に係わる分野は、一種の「聖域」と化していた。そこへベルリンの壁崩壊で共産主義への怖れが突然解消された。その後、西側諸国では、武器産業がらみの汚職の摘発が遠慮なくされ、多くの大物政治家や財界人が逮捕や自殺に追い込まれた。

この構図は、日本にも適用できるはずである。自由民主党政権を維持することで資本主義体制を維持することが国是ではなくなった以上、同様に汚職事件の摘発があってしかるべきである。政権交代は、そのような汚職摘発のチャンスであったはずである。国益を忘れ、小沢一郎周辺にのみ執着していた日本の警察と検察の動きは、不審の目で見られて当然であろう。とりわけ特捜は、歴代検事総長が何人も電力会社の役員に天下っているところからも問題視されてもしかたがない状況にある。

一般論として、秘密の任務を負う、あるいは国のための特別な仕事領域などというものが存在した場合、そこでの仕事は司法の摘発を免れやすいことが想像され、悪賢い人びとが参入してくることが多い。とりわけ、その任務が長期にわたってしまうならば、かなりの腐敗が蔓延してしまう。日本における原発の建設と維持は、この一般論を当てはめると、ピッタリである。証拠を挙げろと反論されるかもしれないが、経験則からは、むしろ、このような領域が汚職の巣窟とならないためには、特別な手当てが必要であって、それがなければ腐敗していると見て間違いないと考える。

最も腐敗した所を最初に手入れしたいという、捜査官の正義感を呼び覚まして、警察と検察が奮起することを期待したい。

最高裁は憲法問題で存在感を示せ

２０１３年09月20日

最高裁判事に就任した山本庸幸前法制局長官が、集団的自衛権について「憲法解釈の変更で認めるのは難しい。憲法改正するのが筋だ」と発言した。これに対し、菅義偉官房長官は「非常に違和感がある」と批判した。この事態をどう受け止めるべきか。憲法改正に賛成か反対かの立場次第といったような乱暴な議論ではなく、最高裁と裁判官の役割という観点から検討してみたい。

政治と司法が絡む論点は、従来、二つあげられてきた。

第一は、日本の最高裁は、司法積極主義か司法消極主義かという議論である。当事者適格や訴えの利益がない、統治行為論、立法裁量論といった論法で憲法判断をできるだけしない消極主義をとってきたことは間違いと私は考えるが、反論する意見もある。それによると、憲法判断を避けるようでありながら、判決の中に、ここを超えれば違憲ですよとわかるように牽制する文言を入れる工夫をしてきたという。しかし、議員定数訴訟のように、その効力がなければ、これは厳しく言えば責任回避でしかないであろう。

積極主義か消極主義かという観点より、それよりも根本的な、国民にとっての存在感という視点が必要である。裁判官ほど、国民にとって知られていない人たちはない。ただ漠然と尊敬される職業という状況である。日本の裁判官を多く見てきた者として、観察した印象を記せば、次のようになる。個人ベースでは、極めて優秀な人たちである。それで問題がないかといえば、組織として問題がある。サッカーにたとえるとわかりやすい。個の選手としては、高い技術を持ち、良く走り、ひとつひとつのプレーは批判のしようがなく見事である。精密司法と言われるぐらいである。しかし、90分間の試合が終わってみれば、誰一人シュートを放つものがいなかった。これは致命的な欠陥である。たとえ話には限界があるが、大局的な判断をすべき状況にあると認識しなければならない。

第二の論点は、裁判官の政治活動の自由は、どこまで認められるかという問題である。欧米では、現役の裁判官が、ボランティア活動や市民の政治集会にも参加している。それに比較すれば、日本の判事たちは、まるで「ひきこもり」である。そのうえ、最高裁大法廷平成10年12月1日決定（判例時報1663号66頁）は、地裁判事補の市民集会での発言に対して、裁判所法52条1号が禁じる「積極的政治活動」にあたるとして懲戒処分することを認めている。この判例に対しては、少なからぬ批判が表明されているように、懲戒すべきかギリギリの事例に、歴史上初の懲戒処分をしたというところに、大局的な判断ミスを認めざるをえない。確かに、一時期は現役裁判官がデモ行進したりして、事務総局が「警戒」するのも無理はない時期もあったが、現在をどうとらえるかである。司法改革は、司法が、国民生活に直接役に立つ、つまり司法の役割を増やすことを目指したのではなかったか。

日本社会の大きな転換点において、三権のひとつである司法に、何の役割もないということはありえない。明治維新以降、近代化と産業化を急いだ時代には、できるだけ司法が出しゃばらないという戦略をとってきたことには、それなりの理由がある。法についての理解が浅い国民に対しても政治家に対しても、急激な法化は、避けるべきであったろう。だが、現在の状況は、その反対である。グローバルスタンダード、世界標準のルールの重要性が増す中、司法は、抑制的な態度を改めるどころか、率先して動く必要がある。国民や政治家が、依然として司法音痴であるとするならば、それを積極的に正していかなければならない。

以上のような立場にたってあらためて今回の事件を見てみよう。そもそも元法制局長官を最高裁判事に任命することが慣習となっていること自体、海外からみれば奇妙なことである。政府の立法について違憲かどうかチェックした本人が、違憲判断できる最高裁判事になるとは、自分を自分でチェックするという、おかしなことになっている。違憲判断を一つも出さない、違憲の立法などひとつもされない、理想のハーモニーの演出が意図されてきたのかと勘繰られる人事である。15人のうちのひとりだから良いのだというのが反論なのであろう。ここは百歩譲って、元法制局長官を任命したことは問題にしないとして、最高裁が発言するなら、裁判官出身の、最高裁内での中心的な判事がしなければならない。

三権分立は、日本では、境界線を引いて、互いに干渉しないかのような感覚で捉えられているように思う。本家のフランスにおける三権分立とは、他の権力機関に対して致命傷を加えることができる攻撃的な武器を互いに持つ想定である。日本国憲法の文言も、そのようにしか読めない。戦うべき時は戦うべきである。

政府の方針が、結果的にアメリカに日本を捧げてしまうことになりやしないかというような内容に入ることは避けてよいであろう。しかし、政府が立憲主義を否定するような言動に走るならば、この時こそ、最高裁は、全力で立憲主義を守らなければならない。それも、「護憲ではなく、立憲主義を守る」というより、「立憲主義を本当に日本のものにする」ことが、今、しなければならないことだと考える。元法制局長官に語らせている場合ではなく最高裁長官がメッセージを発信すべき時であると考える。

犯罪急減の正体――犯罪しない若者たち

２０１４年01月28日

２０１３年の犯罪状況について、一般刑法犯認知件数は下がり続け、とりわけ殺人は９３９人と戦後最低記録であったと警察庁が発表した。犯罪の現状を、「診断」しておきたい。一般刑法犯認知件数は、犯罪者の活動ぶりよりも警察のキャパシティーを反映するものであるし、統計の取り方も一定ではなく、２００２年をピークとする犯罪激増は、幻であることはすでに論じた。問題は、その後の犯罪急減が、これまた統計のトリックなのか本物なのかである。

これを見破るには、罪種ごとの統計を丁寧に検討する他ない。最初の手がかりは、殺人の数である。さまざまな理由で統計の取り方が変わっても、殺人は、どの年代でも最重要犯罪である。未遂は変更の余地があるとしても、死者の数を、事故扱いで減らすことはあまり考えにくい。２００２年のピークを目差した増加期に殺人被害者数は少しも増加しなかった。これは、犯罪急増は幻であるという私の主張の根拠となってくれた。他方、ここ10年の殺人事件の減少スピードは凄まじい。この観点からは、犯罪急減は本物ということになる。

ところが、事態は単純ではない。多様な罪種を検討してみると、ここ10年で、大きく増えているものと減っているものがある。さらに、犯行の仕方や検挙人員の年齢層まで見ていくと、実に興味深い。以下、2002年のピーク後の急減を理解することを試みてみよう。なお、逐一検討するスペースがないので、ざっと描写した後で、何点かにまとめてみる。

凶悪事犯から見ていくと、殺人、強盗、強姦といった強い暴力が伴う事件は大幅減。ところが粗暴犯のくくりでは減っていない。暴行が増えているのである。暴行は傷害にあたらない、つまり怪我させない程度の暴力であり、暴力的な犯罪の中では最も軽微な類である。暴行が増えたのは、これまで見過されていた犯罪がカウントされはじめたという疑いがある。細かく見ていくと、親族間の暴行が激増している。DVと児童虐待である。確かに、以前は見逃されていた現象が事件化した面はあるだろう。しかし、実際に事件が多発しているのも本当のように思われる、つまり半分本当のような状態と推察する。

殺人によって死亡した人員は10年で3分の2になっているが、内訳が興味深い。殺人の被害者は、男性が多いのが常識であったが、男性の殺人被害者の死亡者数は、10年で半減している。それほど減らなかった女性の被害者数が男性をしのいで多数派となってしまった。また、殺人は、過半数が家族内で発生するものであったが、親子間殺人数は変化なし、配偶者は減少、合わせるとそれほど減っていない。それに対して、最も減ったのが、知人友人間である。知人友人間は、男同士の喧嘩が含まれるが、これが大幅減のようである。

強姦を見ると、若い世代が激減、特に、10代20代の強姦犯は少ない、凶悪事件だけでなく、全てにおいて、高齢者の犯罪が増えて、少年や、若者の犯罪が減っている。

暴力的でない罪種については、窃盗が大きく減少し、振り込め詐欺を含む特殊詐欺が大幅増である。窃盗認知件数の総数は、警察の方針で変わる面もあるということは注意が必要であるが、内訳について、少年の窃盗が激減していること、高齢者の窃盗が多いことは明白である。

罪種にかかわらない特徴は、再犯者の比率が急激に高まっていることである。この原因は読み取りやすい。再犯者の数は、増えも減りもしていない。再犯者は、やめられないのであるから当然の特徴であろう。初犯者が激減した結果として、絶対数ではなく再犯者の比率が高騰している。つまり減ったのは初犯者である。

以上からまとめると興味深い特徴が4点ほどある。

第一は、暴力的な犯罪の減少である。これは、先進国においては世界的な傾向ではないかと考えられるが、明確な原因は明らかではない。ただし、とりわけ若者が暴力的でなくなっていることは間違いないようである。

第二点は、危険な場所の変化である。犯罪といえば繁華街の夜ということであったが、自宅にいるときが危険になっている。自宅で一人ぼっちのときに振り込め詐欺の電話がかかってくるか、自宅で二人きりのときに家族に襲われるかという状況である。このことは、安全な場所の喪失ともいえ、体感治安の悪化が一向に治まらないことと関連しているという説も頷ける。

第三点は、高齢者の犯罪増である。これは福祉の取りこぼしとの関連と、再犯者が長生きしていることが原因と思われる。

第四点は、若者の犯罪減である。10年で半減という驚くべき速度である。暴力団の検挙人員の年齢構成をみれば、若年層は減ったというよりほとんどいない。20年後に、今あるような暴力団は、ほぼ消滅することが確実に予測できる。

このように、ここ10年で犯罪が大きく減少していると言えば、良いことが起きているようだが、内実を見れば、社会の健全性は、かなり危うい状況にあると結論づけるほかない。

再犯者の対策は成功していないし、高齢者犯罪対策もできていない。不思議に大幅減の若者の犯罪は、健全化のおかげというよりも「犯罪さえできない」不活性の状態ではないかと危惧している。

治安の悪化とか、刑罰が軽すぎるとか抽象的で短絡的な議論は全く不毛としか言いようがない。犯罪状況を、より詳細に調査することが今ほど求められている時はない。警察統計だけに頼らない、被害者実態調査をただちに実施するべきであると考える。

悠長すぎる法制審議会、検察の外部コントロールの検討を

２０１４年05月17日

法制審議会新時代の刑事司法制度特別部会の事務局試案が、２０１４年4月30日に公表された。取調べの録音・録画に焦点があてられた報道がされているが、司法取引、人質司法の問題、通信傍受、証拠開示など、多岐にわたる提案がなされている。これからの犯罪捜査の在り方には、総合的な判断が必要であり、確かに、検討すべきことは多い。私も、長くなりすぎるので省略するが、私なりの意見を持っている。しかし、今回、この審議会ができた経緯を振り返れば、話がすり替わっているのではないか。その点に絞って一言したい。

議事録を読むと、非常に優秀な法律家が大勢集まって高等な議論を展開している。刑事司法の専門家には読みごたえがある内容である。しかし、根本に帰ると、これはおかしい。元は、フロッピーの内容を書き換えるという証拠捏造事件である。袴田事件もまた、証拠の捏造が指摘されている。これは、刑事司法の技術的な問題ではない。警察と検察を、外部からどうやってコントロールするかという課題である。取調べ室で取調べ中に証拠の捏造がされているわけではない。

警察は、政策評価を自分で計画し実施している。そこに警察庁政策評価研究会なるものがあるが、この委

員は外部からの指名ではなく、外部からのコントロールとは呼べない。検察についても、法務省が政策評価を自分で計画し実施し、そこの政策評価懇談会なるものを作り外部の有識者を参加させているが、委員は外部からの指名ではない。どちらの委員も数名でＨＰで公表されている。同じ名前が発見できるそのリストを見る限り、外部コントロールになっているとは思えない。

さらに、評価の根拠になるデータも自分たちで収集し、自分たちで分析している。法務総合研究所が犯罪白書を出しているが、その責任者である研究部長は検事である。国民の誰もが捜査対象であるがゆえに、全くの第三者は存在しないということがあって工夫は必要であるが、あまりにも何から何まで閉じた組織になっていることが不健全さの根源にあることは間違ない。

もっとも、日本社会は、全てを隠しとおすことはむずかしい社会であって、私自身は、ビデオの助けをかりなくても警察の取調べが本当はどういうことになっているか見えているつもりである。ある程度の可視化はされているわけである。他方、検察については、その閉鎖性のレベルが違う。なにしろ、日本の検察についての日本人による研究書は、一冊もない。論文でさえ、ほとんどない。まず検察についての外部コントロールを根本から検討すべきと考える。

死刑囚1割無実なら執行一旦停止は7割――治安の世論調査

2014年07月30日

２００9年末の内閣府調査によると、死刑を「やむをえない」と容認する者が85・6%と過去最高になったとの報道が２０１0年2月にマスコミ各紙から流された。これに対しては、質問調査の仕方、報道の仕方の両方に問題があって、さすがに反論も取り上げられた。おそらく日本人は、死刑制度について単純に尋ねれば「どちらかといえば」賛成も含めた賛成が7割台で、明確に賛成する者は4割台と、こちらは過半数を切っている。内閣府の調査でも、「将来も死刑を廃止しない」は6割かつかつであった。

これだけでは状況の判断が正確にできない。２０１2年の「治安に関する特別世論調査」において、「最近の治安は悪くなったと思う」と、間違って認識しているものが84・3%もいることを重視して、正しい情報が与えられるほどに、死刑の賛成者は減少するという仮説のもと、文科省科学研究費を獲得し6人で共同調査しているところである。「刑罰と犯罪防止――厳罰化と死刑の効果を信じる人々はどうすれば意見を変えるのか」が正式な課題名である。

犯罪者と刑罰について知識と経験が増すほどに、死刑と厳罰化を否定するようになることは経験則的には知られており、すでに佐藤舞などの先行研究もある。しかし、犯罪状況、刑罰の抑止効果の測定、犯罪者の境遇などの知識を与えても、死刑制度賛成者の比率は、確かに減少するが半分は切らない。諸外国でも、ほとんどの国で死刑廃止になっているのだが、どの国でも世論調査すれば、存置論がやや優勢である。

討議型の調査も検討する中で、仮説として浮上したのは、人々が死刑制度について考えるとき、極端な凶悪犯の処遇をどうするかということのみを考えており、冤罪の可能性についてはあまり考えていないのではということである。

そこで、今春の全国意識調査で、「仮に、現在の日本の死刑囚の10％（13人）が無実だとわかった場合の死刑執行の存続」について尋ねたところ、7割が「いったんやめる」と回答した。冤罪はないと信じている人に、冤罪があるという仮定で尋ねても、返答に窮するのではとの危惧があったが、調査実施開始直前に死刑囚袴田巌さんの再審請求が認められて釈放されたおかげで、無実の死刑囚がいるという仮定に信憑性が加わったと推定している。

初めのほうの設問で、普通に死刑についての賛否を尋ねたところ、「どちらかといえば賛成」と「賛成」の合計が7割を切っている。これも袴田再審決定の影響ではないかと考えている。

詳細な分析を終えるまで結論は留保するが、死刑の賛否に冤罪の可能性が大きな影響を与えていることは間違いないと思う。

なお、私自身の立場を示せば、立法で死刑廃止することには反対で、司法が死刑を命ずる可能性を保持したうえで裁くべきとの意見である。直観に訴える説明をするなら、第一審で死刑宣告を一度、被告に聞かせたいが、本当に執行するとなれば思いとどまらなければという考えである。いわば象徴的に死刑は必要という言い方もできよう。制度論的には、何らかの手続上の特別な歯止めがあるべきと考えている。判決と執行の違いは大きいということについては別稿を参照していただきたい。

最後に、本調査で「最近10年間の日本における凶悪事件の増減」について尋ねたところ、正解の「大きく減っている」と答えたものは、総数1、461人のうち1人だけ、「減っている」でも3・6％しかいなかった。裁判員制度が施行されるなか、報道機関は猛省すべきではないか検討してほしい。

ビジョンなき司法取引の導入

2014年10月10日

法制審議会新時代の刑事司法特別部会の議論を経て9月18日法制審議会は司法取引の導入を決定した。経緯を知らない人からすれば、これによって犯罪者を捕まえやすくなりますとの説明により、良いことだと思うかもしれない。単純な世論調査を実施すれば賛成が多数であろう。しかし、深く意味を考えようという人からすれば、「謎」の改革に見えることであろう。多方面から取材を受けたが、とにかくどう理解していいのかわからないという記者ばかりであった。以下、少し解きほぐしてみよう。

まず、短期的な経緯からは、厚労省局長であった村木厚子さんの障害者郵便制度悪用事件の冤罪事件から検討が始まったとすれば、奇妙なことになっている。係長が村木さんが犯行を指示したと証言したため、虚偽公文書作成罪および同行使で村木さんが逮捕され起訴されたが、指示がなかったと事実認定された。この係長の証言こそ「第三者の犯罪を明らかにした場合」司法取引に当てはまるのではないかとの疑問である。それに、冤罪防止の発想から始まったのに、なぜ冤罪を生む危険性が高くなる司法取引が認められるのか理解に苦しむという人も多いであろう。実は、これらに対しては、見事な説明ロジックがある。

今回導入される司法取引は、被疑者と取調官との間では行わないで、弁護士と検事の間でのみ行う。被疑者と妙な取引をしようとしても、それは取調べの可視化によって防げるはずである。したがって、司法取引の「悪い使い方」がなされる危険はないという理屈である。理屈としては確かに通っている。冤罪防止のために取調べの可視化が導入され、それが前提なら司法取引が問題なくできるというわけである。村木さんの事件以降の短期的な見方からはなるほどの説明である。

しかし、もっと視野を広げなければならない。日本の刑事司法は、裁判員制度導入はじめ激動期にある。古くからやってきた方法が通用しなくなったので大きな改革に踏み切ったと、但木敬一元検事総長や松尾浩也法務省特別顧問が明確に発言されている。取調べについて言えば、おそらく1980年代から、自白中心の取調べは旨く行かなくなってきている。まず、被疑者が簡単に自白しなくなった。さらに、自白しても公判で否認に転じ、取調べは違法なもので自白を強要されたと争うようになってきた。それでも自白調書を裁判官が認めてくれれば、やっていけたが、ついに最近は、裁判官が調書に頼ることをやめてしまった。これは、もはや決定的である。

対処方法は、幾つかある。正道は、物証を充実させることである。通信傍受はこれに含まれるつもりなのであろう。公判で否認されることを防ぐ対症療法は何か。司法取引なら公判での否認はない。これが答えである。このように考えたほうが、今回の制度改正は理解しやすい。しかし、それにしても対症療法である。長期的には、あるいは理想論としては、司法取引は正義に反し、使わないに越したことがないことは論じるまでもない。そもそも犯罪数が多すぎて手におえない国が仕方なく導入してきたのが司法取引である。このままではいけない。

なぜ、古い方法が使えなくなってきているのか、そして、犯罪統計によれば、ここ10年の劇的な犯罪の減少をどう理解するのか。そこから検討しなおさなければならない。まず必要なことは現状診断である。警察が認知した犯罪件数は警察の活動を示すのみであり、犯罪実態は、被害者調査によらなければならないことは犯罪学にとっては常識である。犯罪学の素人である検事がトップ（研究部長）について法務総合研究所で警察庁統計から犯罪白書を書いている状態は、ただちにやめるべきである。自分で自分の成績をつけさせるという意味でも、正当性を欠いている。診断は、第三者に委ねるべきである。

おそらくは、司法取引を合法化しても、企業犯罪や振り込め詐欺に限定して慎重に導入するつもりなのかもしれない。しかし、現場が暴走したとき、止めるてだては裁判官の無罪判決しかない。この点は、懸念を禁じ得ない。

対案を示す紙面はないが、治安が益々良好化しているなか、警察や検察に武器を与えるのは、方向違いという大局観が必要である。また、これまで先進国中、突出した治安の良さを誇ってきたことを忘れてはならない。この領域では欧米は手本などではない。日本の古い方法の良いところの維持という視点のなかにこそ、よりよい選択肢があるように思う。

犯罪学から見たパリの新聞社襲撃テロ

2015年01月24日

イスラム排外主義がテロリストを生むのではなく、移民政策の不十分さが犯罪者を生む

パリで大きなテロ事件が起きた。ムハンマドを「風刺」した週刊新聞の編集部がカラシニコフ銃で武装したイスラム教徒に襲撃され12人死亡、同時に、アフリカ系イスラム教徒が警官を射殺したのち、ユダヤ人向けスーパーを襲撃し4人を殺害し立てこもる事件が発生した。犯人3人は射殺された。人々のリアクションを観察すれば、フランス中で、まるで戦争を仕掛けられたかのような騒ぎになっている。

すでに、多くの記事が世界中で出されているが、イスラム排外主義、言論の自由、武器、テロの背後組織に関するものがほとんどである。大切な観点が抜けている。犯人たちの生い立ちや生活環境に注目すれば、彼らは、テロリストである以前に犯罪者である。国際学会で会ったイギリスMＩ5の部長も、国際テロの研究員の3分の1が犯罪学者だが、もっと多くてよいと主張していた。犯罪学の観点からの検討を重視すべきである。

アルカイダが有名になって以来、多様な国でテロが実行された。実行犯は、ほぼ全て現地で生まれ育った人間である。地理勘は犯行には欠かせないし、国際テロ実行のプロなどという人員がたとえいたとしても国境をまたぐと記録に残るためマークされてしまう。実行犯は現地調達に頼るほかないのである。そこで誰を選ぶかである。イスラム教徒ということが頭に浮かぶかもしれない。

しかし、イスラム教徒は世界中に極めて多数おり、実行犯の特徴ではない。テロと呼ぶが、やることは殺人である。殺人事件を研究すればわかることだが、ほとんどの人にとって、殺人を犯す決意はともかく、実行しきるとなれば、越えなければならないハードルは極めて高い。人を殺せる人物を選ぶ、つまり犯罪者から選ぶことになる。

イスラム排外主義がテロリストを生むという言説は、論理の飛躍が甚だしい。移民政策の不十分さが移民の適応障害を招き犯罪者を生んだというステップが重要である。その中でも注目すべきは、移民の子供たちである。出稼ぎに来る人自身は、厳しい環境に対して覚悟しているし、納得できる報酬が得られれば精神的にも安定する。失職してしまって故郷に錦をかざれないから犯罪をしでかすパターンもあるが、こちらは財産犯であろう。子供たちは違う。異国で生まれ、国籍は取れるが、学校や就職で苦労しても、親に十分な世話をしてもらえないと、破滅的な犯罪をやってしまう可能性がある。今回の犯人たちは、その事例そのものである。

フランスは外国人労働者と移民を相当数受け入れた。彼らは、フランスの労働者よりも低賃金で良く働くからである。フランスは、短期的には経済的に潤ったが、長期的視点が欠けていた。移民の子供たちの教育を忘れていた。また、企業は、良く働く者を優先する結果、元からのフランス人が失業した。そのため、フランス人失業者は、彼らを会社から追い出したとして移民と外国人労働者に対する排外政策を支持する結果となった。移民の子供と元からのフランス人の失業者のせいで地域の治安は悪化した。失業は犯罪の最大の温床である。イスラム国への参加者に白人が混じるのは驚くにあたらない。

補足すれば、短期の利益が欲しい大企業と、企業寄りの「保守」政治家が、外国人労働者と移民の受け入れを画策し、左派は、甘い人道主義からそれに反対しない構図ができあがった。その中で移民の子供たちのことが忘れられたままになっているということである。極右は、右派、左派、両陣営の失敗につけこんでいるわけである。移民をいれるなら、高い技能のある人々を入れ、さらに、子供の教育から、将来の介護まで考慮しておかなければならない。なお、これらのことを移民問題と呼ぶのは間違いで、正しくは労働力不足と雇用問題というべきであろう。

話を戻して、治安と言えば気を付けないといけないことがある。移民と下層労働者の多くは「荒れる郊外」に押し込められている。郊外を含まない狭義のパリは、治安が良い。町の中心部に行くほど金持ちが住んでいるのがヨーロッパの町である。大都市の中心がスラム化したアメリカとは正反対である。郊外の一部も、良い地域とされている。今回の事件のあったヴァンセンヌなどは日本人も好む典型的な良い地区である。実は、私も住んでいたことがある。他方で、郊外の酷いところは警察署が置かれていないぐらい捨て置かれている。そういう地域で、銃の乱射事件があっても、なんら注目されなかったであろう。

犯罪学からもう一点指摘できることがある。殺人事件は、しばしば強いものから常に虐げられてきた側が突然起こす。また、言葉で傷つけられて、われを忘れて攻撃することも多い。人をカッとさせるのは、暴力自体よりも言葉、より広く捉えれば表現であることが多い。犯罪被害者の研究の創始者ともいわれるヘンティヒは、犯罪の原因として被害者の言動に注目した。他人を怒らせれば自分が殴られるかもしれないということは、幼児時代に学ぶ規範である。表現の自由という命名が誤解を生んでいるが、何を言ってもいいわけはない。

フランス滞在が長い私は、当然ながらフランス文化を高く評価しているが、シャルリー・エブドの自称「風刺」は、フランス生活においても最も強い嫌悪感を抱かされた部分である。弱きを叩き、偏見をまき散らしてスッとする人々は最低であると私は思う。もっとも、何を言われたとしても人を殺すのは比較にならない悪であることは言うまでもない。被害者に対しても今はご冥福を祈るばかりである。

最後に、ひどい表現は犯罪かという問題について一言しておきたい。欧米の刑法の伝統では、暴力は犯罪だが、言葉で人を傷つけても傷害罪はもちろん、原則的には何らの犯罪にもならない。物より心の時代といわれるぐらいだから、心を傷つける言葉について、なんらかの対策ができないかと考えている人は大勢いると思う。

それなのに、なぜ刑法は謙抑的なのか。参考になるのは、遺体損壊罪や、墳墓を荒らす行為、さらには宗教施設を破壊する行為などは犯罪にされうることである。どこが肝心かと言えば、外形的に行為を特定できること、つまり、恣意的な解釈で誰でもが犯罪者にされてしまう危険があるかないかである。何か発言しただけで逮捕されるのでは、市民にとって危険すぎる。

換言すれば、国家権力が強くなりすぎる危険は、犯罪者に襲われる危険を遥かに凌駕するという歴史の教訓に学んでいるわけである。したがって、酷い表現でも、警察が取り締まれるようにはしないというのが正論とされる。私も、基本的に、この考え方は正しいと思っている。だが、現実はもう少し複雑である。

フランスでは、言葉でテロを賞賛することも扇動することも犯罪となる。これは、上記の原則の例外になっている。アメリカのアグブレイクでの拷問も、拷問が禁じられるはずの刑事訴訟法の例外である。イギリスでも通信傍受、DNA型の採取などにおいて、対テロであれば謙抑的な手続きが外される。三国とも、テロとなったとたんに刑法の原則はどこかにいってしまう。「これはもはや戦争なのだ」司法の出番ではないということである。確かにテロとは、ゲリラ戦であり、戦争の戦術のひとつという見方もある。

しかし、この路線をつきつめるととんでもないことになる。第二次大戦期のフランスのレジスタンスは、当時のナチス傀儡フランス政府から見ればテロリストであったように、「正しいテロ」が存在することになってしまう。テロリストの爆弾攻撃と航空機による爆弾投下も同列となり、ビン・ラディンの言うように「核兵器の投下こそ、史上最大のテロ行為」となってしまう。つまり、戦争だから許されるという論理は、テロ行為を容認するロジックと同じなのである。法的にのみ、合法な戦争と犯罪であるテロに分かれるわけである。

犯罪学の基本は、国が変われば法律が異なり、同じ行為でも犯罪とされたりされなかったりするということである。何が犯罪か、国境を越えた合意はない。法と宗教の関係が異なるイスラム諸国では、ムハンマドの「風刺」は文句なく犯罪である。そのことを認識したうえで、インターネットで世界がつながっていることも考慮した発言が求められる。

日本ではどうかと言えば、実は、シャルリー・エブドのムハンマドの絵の一部は、性器まるだしであり、刑法175条のわいせつ物頒布罪に該当する。なんたる複雑さ。表現規制の在り方をめぐって課題山積である。表現するときも、表現を規制するときも慎重さが求められると結論づけるほかない。

乱暴な少年法・成人年齢議論と改憲論

2015年06月02日

自民党は、4月14日、成人年齢と少年法の適用年齢を引き下げる方向で、特命委員会を開催した。他稿では、私の専門である少年法と凶悪犯罪を中心に論じてきたが、今回は、よりマクロな視野で、改憲論まで含めた事の総体を把握することから問題点を指摘したい。

まず、少年法と少年事件への誤解について極めて簡潔にまとめておきたい。少年による凶悪事件は極めて少なく、凶悪事件の数パーセントにも満たない。また、少年犯罪は、ここ10年ぐらい急減状態にある。大きく報道され、今回の動きのきっかけになった、犯人が少年3人であった川崎市で起きた中学生殺害事件は、なぜ騒がれたのか理解できないレベルの事件にすぎない。

少年法への誤解は酷い。18歳か19歳の少年が有罪となった場合、重大犯罪でない場合でも少年として特別丁寧に扱われる結果、少年院に収容され実刑となる。これを成人扱いすれば、実刑にならずにそのほとんど、現在少年院に収容されている1、200人のうち1、000人は釈放となるであろう。

なお重大犯罪の場合は、現行でも原則検察官に逆送され、成人同様の刑事裁判により少年刑務所で懲役刑となる。なんの改正の必要性があるのであろうか。また少年院での教育は厳しく、少年たちはビシッと律せられている。一般に参観が許されていないので知られていないのは仕方ないが、少年院に行く手前の少年鑑別所でさえ、現地を見学した者の共通の感想は、名前は違うが建物など雰囲気は全くの刑務所である。授業中の私語などありえないという世界である。

少年犯罪と少年法を少し調べれば、少年法の適用年齢下げという結論はでてくるはずもないとすれば、この発想の出所はどこなのか。そこを見れば病巣が発見できるはずである。

発想の出所は二つ考えられる。第一は、最近の若者たちが大人になるのが遅くなっているという印象を前提に、早く大人になるように促そうという発想である。私も、大学生、つまり18歳から25歳ぐらいまでを相手にしている経験から、この発想には賛成である。選挙権はじめ、多くの成人への区切りを18歳の4月1日にすべきというのが持論である。大人になるとは社会的なことであり、個人の満年齢で決めることではないと考える。通過儀礼として高校卒業は、非常に良い区切りだと考えている。飲酒なども含め、かなり統一して、その時点から大人扱いするというルールを明確化することを提案したい。

他方、非行少年はスタンダードではない発達が遅れた子供たちである。犯罪状況をみれば、ますます幼さを示す犯行をしてしまっている現状からは、むしろ21歳でも少年院にいれて再教育したいぐらいというのが現場の感覚である。したがって、非行少年の実態を良く知らない人々が、元々は賛成できる発想から出発したが、少年犯罪や少年法の勉強をしないで、少年法の適用年齢下げを提唱してしまっていると推察できる。

第二は、憲法改正を狙う人々の意図と関連する解釈である。これはやや複雑である。憲法改正を目指す人々が、改憲に賛同が多い若者に期待して選挙権の引き下げを画策するなかで、少年法に対する不満を利用しようとしているというような単純な陰謀論は、無理である。だが、選挙権を18歳に下げようとする改憲論者と、少年法の適用年齢引き下げ賛成の者は、自民党の代議士からみれば重なっており、偶然の一致ではない。支持者ということに注目すれば、世代の差が興味深い。

本年の3月に私たちが、犯罪に対する知識や意見をアンケート調査してみた結果、若年層は犯罪状況の悪化を信じていないで高齢者ほど信じていることがわかった。改憲については、高齢者の内、戦争体験者の層は異なると思われるが、それはともかく、高齢者層の犯罪状況に対する勘違いが顕著である。

イギリスなどでも、高齢者が若者のマナー違反に怒っており、厳しい態度で臨むべきという動きが取られている。アズボ（ASBO: Anti-Social-Behavior-Order）と呼ばれる政策で、犯罪とは言えないレベルの反社会的行為に対して民事的な手続きによって停止を命令し、それを破れば刑事手続を使うというもので、90年代後半に立法されている。落書きの放置、ゴミが捨てられたまま、大声で騒ぐなどのマナー違反や迷惑行為が、人々、とりわけ高齢者に犯罪不安を掻き立てていると分析されている。どうも、高齢者にとって現在の社会状況は、悪化していると感じられるようで、「失われた美徳を取り戻す」というキャッチフレーズに弱い。

しかし、第三者的に見れば、これは、自分自身の生きにくさの苛立ちを、他者に対する不寛容としてぶつけているように思われる。実際は、高齢者の犯罪こそ急増しており、凶悪事件も多い。犯罪原因として最大のものは失業であるが、高齢者のうち比較的年齢が低い人々が置かれている状況は、失業に近いケースもあるのかもしれない。

二つの見方を示したが、いずれにせよ、「社会の閉塞感」、「悪い時代になった」、「治安は悪化」、「改憲」、

「若者はしっかりせよ」、といったことが、厳密に考察されずに頭の中をグルグル回っているような状況で、具体的に非行少年のことを思っている人はいないようである。大きな話が出てくると小さな話は押しつぶされることがある。全体主義とは、集団による個人の圧殺と定義されるが、多様な問題を小さいと切り捨て、大きな物語に夢中になることも全体主義の重大な欠陥である。

具体的に言えば、憲法こそ大切という思いは、他の大切な問題を十分に吟味せずに踏みにじる恐れがある。この点においては、右派も左派も同じようである。リベラル派こそ現在、存立の危機である。憲法9条にこだわるよりも、個々の問題を丁寧に事実確認して論じてほしい。安倍晋三首相周辺の問題点をあげつらって批判しても、それは、「悪い時代になった」という感覚を強めるばかりで、その苛立ちが、強い指導者の待望やら、厳罰化に人々を向けているように思う。

実は、犯罪白書の警察庁統計では犯罪認知件数が激減しており、そのことは一応報道されているのだが、人々の認識は変わらない。私たちが前述の実施した調査では、凶悪事件は増えていると思いますか、減っていると思いますかという質問にたいして、「大きく減っている」という正解者は、有効回答者数1、456人のうちたった1人であった。「増えている」が最大の61・7%、続いて「大きく増えている」21・1%、「減っている」「大きく減っている」は合わせて3・7%しかない。

もし、報道機関の役割が、正しい認識を国民に持たせるということなら、全く以って大失敗である。国民のほとんどがネトウヨのように信じたい事実以外は受け付けない状態になっているとも思えない。少年犯罪の状況や少年院の状態について丁寧に伝え考えさせる報道こそが大切だと思う。この問題に限らず、食品の安全や環境問題でも、数値を調べれば、高度成長期真っ只中の70年代と比べて、ほぼあらゆる点で大幅に良い時代になっていることが確認できる。正しい現状認識を与える報道と議論こそ今必要だと主張したい。政府批判がかっこいいという発想にとらわれずに、ひとつひとつの問題を丁寧に伝えて、現状が素晴らしいことを正しく認識させれば、英雄気取りの馬鹿げた大改革を防ぐことができるはずなのにと残念に思う。

起訴相当を出せることが刑事司法改革のポイント

２０１５年08月13日

検察審査会の存在意義と原発事故の責任、有罪率99・9％は真犯人取り逃がしを意味

福島第1原発事故の刑事責任をめぐり、東京第5検察審査会は7月31日、業務上過失致死傷罪で告発された勝俣恒久元会長（75）、武藤栄（65）と武黒一郎（69）の両元副社長について起訴相当を議決したことを発表した。これにより3人は強制起訴される。強制起訴とは、司法制度改革の一環で２００９年5月に導入された制度で、検察官の不起訴処分に対し、11人の市民からなる検察審査会が、「起訴すべきだ」と2度にわたって議決した場合に発動される。

経緯を振り返れば、「福島原発告訴団」が２０１２年6月、東電や政府の関係者ら計42人について「津波対策を怠った」として業務上過失致死傷罪などで告発。２０１３年9月、東京地検は、「予見は困難で、刑事責任は問えない」として全員を不起訴とした。検察審査会は、２０１４年7月、上記3人について起訴相当を議決したが、東京地検は再び不起訴にし、検察審査会が改めて審査していた。

多数の重要な論点がある事件だが、本稿では、検察審査会の存在意義を中心に検討し、最後に、原発と司法の問題に触れたい。

2009年の司法改革は、国際的なスタンダードに合わせた法治国家になるという大方針のもと、市民参加についても世界標準にすることが目標とされた。これは、わかりやすく言えば、それまでの刑事司法を世界標準からみておかしいところを改めることを意味する。ところが、司法改革をめぐって、刑事司法の問題点を解消するための改革ではないということが「定説」であるかのように言われてきた。確かに、冤罪は少ないし、量刑もほぼ妥当、治安は非常に良く、他の先進国と比較すれば、いくら褒めすぎても褒めすぎないという一面もあることは、そのとおりであろう。

しかし、世界標準ということで言えば、文句なしにおかしいことがある。それは、刑事第一審の有罪率が99・9%を超えているということである。これは、裁判官ではなく、検察官が有罪無罪の判断をしていることを意味し、もはや裁判と呼べないほどの歪みである。ここを変えなければ話にならない。そのことを銘記して検討を進めたい。

有罪率が99・9%であることの責任の一端は裁判官にもあるのだが、日本の識者の批判対象は、検察と警察に集中してきた。そしてその文脈は、常に国家権力の過剰な行使に対する批判であった。確かに、歴史を振り返れば、その視点の重要性を認めるほかないが、議論としては抜け落ちていることがある。有罪率99・9%の意味するところは、有罪の可能性が5割はおろか8割の事件も起訴していないことである。また、警察も、捜査が困難な殺人事件を、事故死扱いするなど、重大な真犯人を取り逃がしている可能性がある。重大事件の真犯人を捕えて起訴することこそ、警察と検察の本分である。これこそ、一般市民の第一義的な要求であろう。

市民の司法への参加と言えば、裁判員制度であり、そこにおいて無罪判決を出してこそ存在価値があるわけだが、実は、無罪判決が妥当である事件は極めて少数である。有罪率99・9％という病理的状況を抜け出すには、検察が、より多くの事件を起訴するしかない。それを強制できるのが検察審査会の起訴相当議決である。このように見てくると、検察審査会が起訴相当を出せることこそが、刑事司法の改革ができるかどうかの最重要ポイントということになる。

検察審査会の11人中8人が賛同しないと起訴相当とならず、不起訴不当にとどまって強制力がなくなってしまうという高いハードルがかせられているせいもあって、そこを超えたのは、まだ9件目である。判決結果は、ほとんど無罪判決であるが、無罪率を上げたいのであるから、それはそれでよいわけである。実際、有罪事例がでており、本来の目的である強制起訴によって有罪にできるケースが増えるということがなされる可能性を示している。したがって、検察審査会の存在価値は、起訴相当の議決を出すことにあると言ってよい。

一般論はここまでにして、原発事故について検討しよう。刑事法学者は、今回の事故に関して「予見ができたことの証明」「対策をとることができたのに放棄したことの証明」などが困難であり、有罪にすることは極めてむずかしいと考えている。刑事法の枠組みに当てはめればそのとおりであるが、これこそ言葉は悪いは「専門バカ」の典型と言わざるを得ない。現状の仕組みで対応できない事故は対応しなくていいのではなく、常識を超える方法を用いてでも対応するしかない。

もう少し事故の規模が大きく風向きが悪ければ東京圏全域に住めなくなったことに鑑みても、万一にも事故を起こしてはいけない条件で、絶対ないと言い続けてきて事故が起きたということは、過失があったとみなすほかないであろう。問題は誰の責任か特定することで、そのさいに、従来通りの厳密な基準で迫れば、確かにむずかしい。しかしながら、告発された42人の誰かに過失があったことが確実なら、複雑な組織ゆえに特定できなかったとしても、トップ3人の過失はあるとみなしてよいのではないか。

交通事故の場合に、自動車の運転手が、どこでどうハンドルを切り間違えたかなどと言わず、飛び込み自殺でもない限り、過失致死の責任を問われることと比較しても、原発の安全対策の責任者には、事故が起きた以上は過失があったとしてよいと考えられる。検察審査会の委員の判断は、11人中8人以上賛成でなされている。法解釈というよりも、もはや決断が求められていると考えている。本来、刑事司法が担うべき仕事ではないとしても、他の手段がなければ、誰の責任も問われない状態を回避するためには、よりましな選択をすべきという文脈で評価しなければならない。

もっとも、この点に関しては原発事故についての認識によって意見は異なってくるであろう。ひとつの考え方は、何が何でもできるだけ早く原発をなくしていくという考え方である。ちなみに千年に一度の自然災害には原発は持ちこたえられないとし、日本の原発が50基とすれば、１０００÷50＝20となり、次の大事故が起きるまでの期間の期待値は10年である。都合よく、稼働中でなければ持ちこたえると考えて、５基だけ稼働させているならば、この期待値は１００年となる。後者を念頭に、数基の原発を動かしたい人々の気持ちもわからないでもないが、最大の問題は、方針が決まっていないことと責任者が不明なことである。百歩ゆずって原発を数基稼働させる賭けに出るとしても、事故の責任は明確にしてからでなければならない。

この責任というときに、法的には、刑事責任と民事責任が対になっていることを理解しておかなければならない。刑事責任は軽々しく使ってはならないことは、これまで人類が経験から学んだ叡智である。しかしながら、高度な科学技術が発展した社会において、悪意ある人間よりも、巨大な機械の運転をミスしたことがもたらす大きな被害は、まさに社会にとっても個人個人にとっても脅威である。そのために業務上過失致死罪があるなら、原発事故ほど、この適応例にぴったりのものはないという見方ができる。

刑事罰を使うことには、副作用の危険もある。私も、それを強く求める論調には賛同しがたいところもある。しかし、民事責任の追及は、おおいにやるべきであると考える。そこで重要なことは、強制起訴がなされると、指定弁護士が起訴して捜査する。その捜査によって明らかになった事実は、損害賠償訴訟において、被害者側が証拠として使える。これが、もし不起訴のままだと、できない。今回の強制起訴に利点があると明確に主張できるのは、この民事訴訟の実効性を高めてくれるからである。捜査によって真実に少しでも迫れたらと期待する声があるが、そこで明らかになったことを活用できることが大切である。

福島地裁は、原発避難者の自殺に対して、東電に賠償命令を下している。民事の場合には、責任が5％でもあれば、損害額の5％の支払、50％なら半額となる。訴訟すれば、どんどん損害賠償は取れる構造である。東電の幹部に対しては株主代表訴訟など、経営責任の追及もできる。今後の展開に期待したい。

最後に、視野をさらに広げて、立法論も含めて一言したい。日本で最も多くの人命が失われた犯罪事件は核爆弾の投下であるが、その犯人は起訴できなかった。最大の財産的被害をもたらした原発事故も責任追及に苦労している。原発の事故は、まず壊れた原発のメーカーの責任のはずだが、アメリカの差し金で、賠償責任はメーカーにはなく電力会社が負うと立法されてしまっている。原子力損害の賠償に関する法律は、さらに「損害が異常に巨大な天災地変又は社会的動乱によつて生じたものであるときは」賠償責任がないと定めている。法制度が根本的におかしいのである。「一番悪い奴は捕まらない」という法格言を思い出させられる。

それでは、今、どうすればよいのか、具体的な提案がある。日本の原発は、エネルギー安全保障から出発しており、何よりも安全保障分野の事項である。そのため、日本一の権力と呼ばれることさえある特捜検察も手が出せない約束だったのではないかと推察される状況がある。検事総長経験者が電力会社の監査役に天下っているからである。

独・仏・伊3国では、ベルリンの壁が崩れて冷戦が終結したとたん、資本主義陣営にとどまるという国是が消滅した。その意味するところは、保守政治家が軍事産業から賄賂をもらっていても検挙を遠慮していた状況が崩れたということである。その結果は大物政治家と財界の大物の検挙ラッシュであった。

日本においては、冷戦が終わったのに、このようなラッシュは起きていない。冷戦状態のままになっている。原発の啓蒙宣伝も含めた、表に出ない汚いお金の動きを徹底的に追うことが、今、検察に求められている。特別な理由で検挙できない領域こそ、悪い連中の巣窟であることは、間違いないであろう。原発関連の汚い世界への手入れこそ、検察にとって、汚名挽回の、またとない機会となるであろう。警察も、同様の立場にあると考えている。

大半は更生する少年犯罪者、少年Aは失敗例か？

２０１５年10月28日

少年Aは完治していないものの再犯しない適応力つけた一応の成功例、理想は改心だが……

神戸児童連続殺傷事件の犯人であった少年Aが、最近、事件を振り返る手記を出版しホームページを立ち上げて物議を醸している。実は、刑事政策的な観点からは、少年Aは、更生の成功例なのだが、ワイドショーなどでは勘違いした議論が横行している。非行少年の更生についての知見から丁寧に議論を整理しておきたい。

また、報道機関の「騒ぎすぎ」は、少年Aという特異な例から、少年犯罪者の更生全体についての誤った印象を国民に抱かせるという大きな弊害を招いている。現在日本の少年犯罪の更生の全体がどうなっているかということこそ重大なテーマである。順序としてこちらから論じたい。

少年犯罪自体の状況は、警察統計によれば、ここ10年で激減である。凶悪犯は半減以下、窃盗にいたっては3分の1近くにまで減っている。少年自体の数が減少していることを差し引いてもまれにみる激減傾向にある。

ところが、どの世論調査をみても、少年犯罪は凶悪化していると思っている人が圧倒的多数に上っている。確かに酷い事件はなくならないので、その幾つかを報道で見聞きすれば、状況が悪くなっていると感じて不思議はない。

しかし、実際は、20~30年前ならニュースにもならない事件が、大きく報道されている。犯罪報道の細部にウソはないのだが、その紙面の割き方が尋常ではない。確かに殺害された人と家族にとってはこれ以上ない重大事件であるが、そこまでの紙面を割く必要があるとは思えない。

少なくとも、少年犯罪全体は減少していることを示して、国民の勘違いをさけるべく慎重に報道しなければ「真実」は伝わらない。その点、マスコミ報道は大きな過ちを犯しており、直ちに検証記事を出すべきである。

それに、そもそも少年犯罪にとって大切なことは、凶悪化や数の増減ではない。少年を更生できるかどうかが、最も注目すべき点である。日本社会は、先進国の中でも、他国と比較にならないほど犯罪が少ない社会であることは、さすがに多くの人が認識しているところであろう。日本の人口比の犯罪発生率は、何割か少ないレベルではなく桁が違う。

その原因は、非行少年が、ほとんど更生するからであり、この部分こそ、日本社会が世界に誇れる部分である。非行少年率の推移は、ある年に生まれた少年が何歳の時に人口比で何人検挙されたかをグラフ化しているが、12歳から検挙される者が出始め15歳から16歳でピークをつけている。重要なのはその後で、17歳、18歳、19歳と大きな傾斜で人口比での検挙数は減少する。19歳では、ピーク時の約5分の1になる。

このことは15歳・16歳で検挙されていた少年の8割以上が19歳では検挙されなくなっていることを意味する。新たに非行に走る少年もいることから、実際は、一度検挙された少年の9割近くが、検挙されていない。見事な更生の成功である。諸外国では、少年期に非行に走り、大人になって本格的な犯罪者になることがパターン化している。

治安が良い日本社会を支えてきたのは、この非行少年の更生の成功なのである。報道記者は、勉強不足で、警察で取材したことを垂れ流すことによって国民に大きな誤解を与えていることを猛省すべきである。

さて懸案の少年Aのことだが、ここまで述べてきた更生の意味付けに注目してほしい。諸外国と比較して、一般論として少年の更生は稀にみる大成功を収めていると言う時の更生の意味は、あくまで再犯の阻止である。より正確には、同じ犯罪であるかに限らず、いかなる犯罪でも再び検挙されないということに成功しているわけである。

ところが、日本社会における日常会話で、犯罪者の更生を話題にすれば、多くの人は、悔い改めて真人間になる、改心のことを念頭に置いて発言される。テレビのワイドショーも、どうしてもこの線で議論してしまう。犯罪者の更生を担当する保護観察官の経験に照らせば、改心の言葉が当てはまる感動的なケースがないことはない。

しかし、多くの場合、なんとか社会適応して、再犯はしない安定した生活を構築することで精いっぱいである。それどころか現実は、残念ながら、再犯を繰り返す累犯者の数が、何万人かにのぼっている。

どう考えればよいのであろうか。わかりやすい解釈は、理想は改心だが、現実は厳しいということであろう。

しかし、事態はより複雑である。まず規範的な議論として、そもそも改心が成功と決めつけてよいのか、という論点がある。正しい人間像を押し付けて人格改変する権利が国家にあるとはいえず、再犯防止策を強要するのが許容限界だという指摘である。この考え方は、法学を学んだ者には一応の正解ということになるが、一般人には理解しがたいところも残る切り口であろう。

少年Aを念頭に置くなら、私は、ここで別の側面をひとつだけ指摘しておきたい。それは、改心、つまり人格改変を理想として目指すことには大きなリスクが付きまとうことである。

リスクは多様であるが、単純化すれば、二つの種類のリスクがある。第一は、本人を追い込む結果、自殺、精神病の発病など、本人の人格が破壊される悲劇を生むリスクである。少年Aの場合、この可能性はかなり高かったと考えている。ついでだが、おそらく、このような悲劇的結果に終わってしまった経験から、先に述べた、国家権力の介入限界についての議論も出てくるのであろう。

さて、第二のリスクだが、これは、人格改変の圧力をかけられた者が、不安定化し、他人を再び害する次の事件を引き起こすリスクである。わかりやすく言えば、そっとしておいたほうがましだったという結果を招くことがあるということである。このことは、あまり指摘されないが重要なことである。

適切な例かどうかに多少の疑問の余地がないでもないが、身体的な重病者への対処と比較すれば、わかりやすい。重篤な患者の完治を目指して無理な手術を挑めば、患者の命を早々に奪う結果になるリスクがある。大手術を避けて、病気は完治しないが、ある程度の水準で延命するという選択は合理的でありえる。

また、この比喩を続けさせていただければ、どうしても直せない治癒困難な病気や病人がいて悲劇的な結果になったからといって、医者は何をしているのだとか、厚生労働省の責任はとか問うことは間違っていることもおわかりいただけると思う。

目立つ一例ではなく、日本人の平均寿命が世界一であることなどの指標から医療の全体像を検証するべきである。非常に特異で、対応が極めて困難な少年Aを例に政策を語ること自体が、全くの誤りでしかない。

それに少年Aは、完治していないものの、再犯しない適応力をつけた、むしろ一応の成功例なのである。

調書頼みの終焉を示した東住吉事件の再審決定

2015年11月03日

突っ走った警察、チェックできなかった検察、最大の責任は自白調書重視の裁判所

1995年の東住吉事件の再審が決定し、それにともなう刑の執行停止により、無期刑で収監中の男女が釈放された。事件から20年が経過していた。再審結果はまだだが、無罪判決は必至とみる。冤罪事件とひとくくりにされることが多いが、どこが間違っていたのか、また、なぜ今になって正されたのであろうか。結論は、取調調書頼みで過ち、調書頼りをやめたことによって再審決定したとみるが、丁寧に検証しておきたい。

簡単に事件経過を振り返っておこう。入浴中の娘を、隣接する駐車場にガソリンを撒いて放火して殺害し、1500万円の保険金を請求したいわゆる保険金殺人事件として取調べ、母親と内縁の夫の両者から自白を得た。借金が200万円あったことは疑われる理由となったと推察される。検察は、この見立てのまま起訴、1999年第一審で両者ともに無期刑となり、高裁、最高裁も、それを支持し2006年に確定した。

どこがおかしかったかを論じる前に、一点確認しておく必要がある。「疑わしきは被告人の有利に」あるいは「罰せず」という刑事裁判の原則については、良く知られている。素人感覚でも、確実でないのに犯人にされてはならないという慎重さは、犯人をあげたいはやる気持ちがあっても納得できることであろう。

しかし、「疑わしき」の程度はどのぐらいなのかということは理解不足のように思う。そもそも単純に程度問題と考えてはいけない。単に文句なしの証拠があるかどうかではなく、あってはならない疑いとは、「合理的な疑い」である。他の犯人がいたとしても辻褄が合う、あるいは、事故や自殺と考えても辻褄が合うことが、典型的な合理的な疑いがあって有罪にできないケースである。そのことを理解しておけば、このケースでは、駐車場の自動車からのガソリン漏れが風呂の種火に引火した事故死の可能性を捜査で「つぶして」おかなければならなかったことが指摘できる。

後から思えばという面はあるが、まず、警察が、保険金殺人を疑ったあと、その線だけで突っ走ってしまった。これが、最初のミスである。しかも、保険金殺人でわが子を殺すにしては手口が奇妙だし、ガソリンを撒いてライターで点火したのに火傷が少なすぎるなど不審に思えることがたくさんあったのに自白を取れたことで、全て無視してしまった。

続いて、事件は検察の手に渡る。警察の現場が、少々走りすぎても、これをチェックすることが検察の役割である。事故の可能性について捜査すべきであった。この当然のことが抜けたのも、おそらく自白があるからではなかったかと推察される。

そして最後に、地裁の裁判官までもが、事故の可能性について無視してしまった。弁護側は争点として指摘しているにもかかわらず、簡単に退けた理由は、やはり、自白調書があったから以外には考えられない。

なにしろ、他に有力な証拠はなにひとつなく、保険金のことが気になる程度の事件であった。警察官、検察官、裁判官、いずれも典型的な、自白調書重視による過ちを犯したとみることができるであろう。

他方、再審が認められた理由であるが、これは、事故の可能性の検証のおかげであることは間違いない。試してみればガソリン撒いて放火は無理筋である。しかし、私が注目するのは、次のことである。放火の方法は突き止められないとしても、自白を重視すれば、やはり犯人だから、有罪でいいという判断もあり得た。ここに、最近の裁判官が、自白調書重視をやめたという流れを確認できる。むしろ、自白調書重視をやめたから、検証実験をしたというのが実際の事の運びであったと推察する。

以上が、この事件が、有罪とされたのは、自白調書頼みのせいであり、再審が認められたのは、自白調書頼みをやめたからという私の解釈の根拠である。

そのことを前提すれば、大切なことが指摘できる。冤罪事件と言えば、自白を強要する厳しすぎる取調べが批判され、警察と検察が批判されてきた。しかし、警察と検察が、自白調書に頼ってきたのは、裁判官が、それを重視してきたからに過ぎない。他稿でも、私は繰り返し指摘しているが、冤罪の最大の責任者は裁判官である。裁判官が自白調書を重視しなくなれば、警察も検察も、確実にというか、自動的に自白調書をやっきになって取ることをやめる。最近、やっと、そこまで来たという印象を受けている。

最後に、残された課題に二つ言及しておきたい。第一は、検察官も裁判官も難関の司法試験を突破するうえで、刑法学については詳しく勉強している。しかし、法律判断は、事実認定したうえで使うもので、実際の刑事裁判では、事実認定する能力が問われる。

それなのに、司法試験には刑事政策も犯罪学も科目として採用されていない。保険金殺人の事例を知っていれば、あるいは放火犯がどうやって火をつけるのかを知っていれば、揮発性が極めて強くすぐに引火するガソリンを撒いて自分で火をつけるなどというストーリーがまかり通るはずはなかった。実験するまでもなく無理筋、それはないだろうというレベルの事件であった。良き法曹を育てるために、是非、司法試験科目を再考してほしい。

第二の残された課題は、次のことである。1980年代から、無実の死刑囚の再審がなされ、21世紀にはいって、無実の無期囚の再審がなされ、つい最近になって、間違いなく無実とまで言えなくても、真犯人と確実に言えない場合についても再審が認められるようになってきたと、私は、見ている。

順番として、次は、確実に無実ではない無期刑囚の再審だと考えている。今回の事件は、確実に無実のケースであると判断するので、次の一歩にはなっていないと思う次第である。

予算獲得ルールと連動する刑法犯認知件数

２０１６年02月10日

犯罪被害者実態調査の件数は20年間横ばい、犯罪を減らした成果という見せかけ

「２０１５年の刑法犯戦後最少の１０９万９，０４８件」という報道が新聞各紙に掲載された。記事によれば、２００２年のピーク時に２８５万３，７３９件をつけてから大幅に刑法犯認知件数が減少したということである。厳密な専門用語では、刑法犯から自動車運転過失致死傷等（いわゆる交通人身事故）を除いた一般刑法犯の犯罪認知件数のことである。私は、『安全神話崩壊のパラドックス』（岩波書店、２００４）において、２００２年までの犯罪急増は、１９８０年に自転車の防犯登録制度ができてから急増を続ける自転車盗によるものだという統計上の見せかけに過ぎないことを明らかにした。

今回の、この急減は、本当に犯罪が急減したことを意味するのであろうか。繰り返し述べているように、警察庁統計は、警察が記録した認知件数にすぎず、これは、実際の犯罪数をカウントしたわけではない。むしろ警察の活動記録である。答えは、世界の犯罪学では犯罪状況を知る手段として常識となっている、被害

実態調査をすればわかる。法務総合研究所が4年おきに実施する、過去1年間と5年間の犯罪被害経験をアンケートで探った調査によれば、日本の犯罪状況は、2000年から2012年まで、ほぼ横ばいである。

これは当然で、ここ20年間日本社会には急激で大きな変化はない。犯罪に最も関連性がある失業率はじめ、あらゆる社会的指標が、「安定」し、どちらかというと良い方に変化している。本稿では、それなのに、警察庁の認知件数が急上昇し急下降した理由を検討することと、実際には犯罪状況はどうなっているのか簡潔にまとめておきたい。そのうえで政策評価について一言したい。

最も警察に対していじわるな説明は、予算獲得のルール変更のせいとして、認知件数の増減を説明するものである。2001年「行政機関が行う政策評価に関する法律」が成立し、同年の閣議決定「政策評価に関する基本方針」（2001年12月28日）をもって、これまで放置されていた政策効果の評価が義務付けられた。この影響は大きい。従来の予算獲得と言えば、こちらのほうが重要性が高いという主張、つまり、犯罪増加して治安が悪化しているから警察予算増を求めるという方向になりがちであった。ところが、政策効果測定がされるとなれば、犯罪を減らしたという成果をあげなければ予算はつかなくなる。したがって、このルール変更までは、犯罪増、ルール変更後は犯罪減とならなければ予算が獲得できない理屈になる。タイミングも完全に一致している。

実際は、認知件数増の局面は、軽微な犯罪で捜査の手掛かりが乏しいものについて書類作成を省略していたことを改めたことが原因と見られ、認知件数が増加していた。これは、正確な報告をするようになったわけで、認知件数増を犯罪増と勘違いさえしなければ問題にすることではなかった。しかし、認知件数減の局面は、書類を作らずカウントしない、あるいは捜査活動自体を熱心にしていないなどの可能性が指摘できる。

法学者は、警察権力すなわち国家権力として、その抑制ばかり語りたがるが、そもそも、警察官が真面目に働いているかどうかということもまた問題視されてよい。ただし、この問題が、犯罪被害実態調査においては犯罪被害が減少していないにもかかわらず警察の認知件数が大きく減少しているギャップのうち、何%を説明しているのか示すことができるデータはない。事例があるのみで、他の原因がない証明もできない。

ここで議論を少し方向転換しなければならない。犯罪の発生数の増減は、常に注目を集めるが、犯罪には重大なものから軽微なものまで差が大きい。犯罪数は、その8割以上を占める窃盗の数に左右される。軽微な窃盗の件数を正確に数えることはできない。警察発表では、財産犯の街頭犯罪が減少しており、「防犯カメラの増加など官民挙げた街頭犯罪対策の効果がでた」とするが、これは確かなことではない。むしろ、ある程度重大な事件を罪種ごとに検討しなければ犯罪実態の予測はできない。

検討すると、あらゆる罪種の認知件数が減少しているわけではない。昨年少し減少したが、振り込め詐欺は増加傾向にあり、被害額も膨大である。減少したもののうち、注目すべきは凶悪事件と、少年事件の激減である。粗暴犯としてカテゴライズされる暴力的な犯罪は減少し続けており、少年については、万引きの激減はじめ非行少年グループ自体がもはや消滅状態に近い。

各種の意識調査によると、日本国民は、凶悪事件は増加しており、特に少年犯罪が酷いという誤解をしている。そのことを前提すれば、これらのことこそ警察発表され、報道機関も注目すべきであろう。

最後に、政策評価について一言したい。財務省の政策評価懇談会においても、英米流のPDCA（計画・実行・点検・改善）などというのが持てはやされている。しかし、刑事政策をビジネスモデルのように捉えて、犯罪認知件数を減らせれば効果があったなどという単純な評価を下してはならない。

第一に、認知件数は犯罪実態ではないので、犯罪被害実態調査を4年に一度3、000サンプルではなく、毎年10、000サンプルで実施するべきである。このままでは2016年の調査結果をみないと直近の状況の評価が成果にできない。第二に、戦時や独裁国家の一部で犯罪の発生率が低下することから言えるように、犯罪発生率が下がるほど、良い社会になるとはいかない点を考慮しなければならない。第三に、大局的な視点を失ってはならない。

他の先進国と比較して、日本の犯罪発生率は群を抜いて低い。グローバル化が進行する中、日本社会が独特の方法で犯罪が少ない社会を実現してきたことについて理解しないで、警察活動と犯罪数を短絡的に結びつけることは慎んだほうがよいと考える。

検察に期待せず検察審査会が甘利前大臣を起訴せよ

２０１６年07月08日

検察の不起訴理由は理解不能、裁判官が本当の判断をすべきだ

週刊文集の記事により、甘利明・経済再生大臣（当時）とその秘書が、都市再生機構（ＵＲ）に対する「口利き」の報酬として業者から現金を受け取ったとされる事件が、年初に表面化した。

文春によれば、というより、業者によればだが、秘書がＵＲの道路用地買収をめぐるトラブルに関して、ＵＲ側との交渉に臨み、結果として、ＵＲ側に2億２０００万円の補償金をその業者に支払わせ、２０１３年8月に、その謝礼として５００万円を受け取った。

さらに、甘利大臣も、業者と直接面談し、ＵＲと業者との産業廃棄物処理に関する別のトラブルについての補償交渉への加勢を依頼され、同年11月に大臣室、14年2月には神奈川県内の事務所で、現金50万円ずつ計１００万円を直に受領したという。また、別の秘書が同じ業者からこの件で６００万円受領したこと、ＵＲの職員に実際に面談したこと、政治資金収支報告書の記載は、これらの業者の主張する金額と食い違っていることなどが報じられている。

現金を渡したと主張する業者は、会話を録音しているということで、甘利氏と秘書のあっせん利得処罰法違反は確実かと思われた。ところが、先日、東京地検は、甘利氏と元秘書をともに不起訴とした。理由は、UR側への働きかけが「影響力の行使」とまで言えないということであった。

確かに、甘利氏と元秘書は、業者との間のやりとりは録音があっても、UR側とのやりとりは明確ではない。証拠が不十分と言われれば、一見納得しそうになるが、より根本的な問題がある。証拠不十分の判断を、検察がして不起訴にしておしまいにするのか、起訴して証拠を吟味したうえで裁判官が判断するのかということである。

とりわけ、この事件のように、証拠が完全ではないにせよほとんど揃っている場合には、起訴すべきではないかということである。

刑事訴訟法が起訴便宜主義をとる以上、検察は不起訴を選べるわけだが、その方針について一言したい。それは、検察の起訴の方針は変わったのではなかったのかという論点である。

明治維新以来、日本は唯一の近代化に成功した非西洋国家と言われ、欧米から継受した法による統治システムを日本社会に「適応」させてきたという評価がある。

なにしろ、気持ちを贈物で示し、人間関係に飲食が伴う文化において西洋法を杓子定規に適用すれば付き合いがあれば贈収賄ということになってしまう。

そこで政治家、官僚と業者の「親密」な関係を、良いものと悪いものに分けて「慎重に」起訴対象を選ぶのが検察の仕事、言い換えれば、良い政治家と良い官僚は見逃すのが特捜部の仕事であった。起訴便宜主義は、検察に、国民に代わって政治家を裁く権限を与えていたようなものだった。

したがって、古い検察のやり方とは、良い政治家は金品の受け取りがあっても見逃す方針であったと考える。戦後においても、その善悪の判断基準には、資本主義陣営に留まるというものも含まれ、多くの政治家と官僚が見逃されてきたと思われる。

しかし状況は変わったはずだ。政党に対する税金からの大金の交付とセットに導入された、1994年の政治資金規正法の改正以降は、金品の受け取りは、もはや賄賂でしかないということではなかったのか。検察OBである堀田力氏が、甘利氏を起訴すべきと発言されているのはこの趣旨だと思う。

こうしてみると、検察が、不起訴にした理由は「理解不能」ということになる。その結果、根拠不十分の憶測が飛び交うことになっている。たとえば、刑事司法改革・可視化法案を、今国会成立してもらうために起訴を控えたであるとか、自民党寄りだから、あるいは自民党から圧力をかけられた結果であるとかいうことだ。私は、これらの詮索にはあまり意味がないと考えている。

それより非常に重要な論点が残されている。それは、起訴便宜主義を採用する一方で、検察審査会による強制起訴が可能となっていることである。司法改革と呼びながら、裁判員制度で何が変わったのかという批判的な意見もあるが、検察審査会による強制起訴こそ大きな変革のテコになると私は考えている。

検察に期待するより、検察審査会、つまり国民が起訴して裁判官に審理してもらうことにつきる。そうすれば、検察の影にずっと隠れていた裁判官が、本当に判断することになる。

週刊誌報道が正しく、本当に現金を受け取っていたとすれば、国民の目には文句なしの収賄・贈賄事件である。あっせん利得処罰法違反の要件が厳しいということで無罪となることはないと私は予想する。

検察の説明では、「権限に基づく影響力」を使った口利き、つまり、「議会で質問するぞ」といった政治家の影響力を使った口利きが必要になるということだそうである。

これは、非行少年が「ちょっと金貸してくれや」と言って現金を受け取るのはカツアゲつまり恐喝でなくなるというのと同等に詭弁にほかならない。お金を出させた結果がでているのに影響力の行使がなかったという言い草は通用しない。

裁判員に「よろしく」と声をかけた工藤会の暴力団員も表面上はやさしい言葉を使っているが、裁判員は恐れを感じ、裁判員法違反（威迫・請託）の疑いで逮捕されている。政治家がわざわざ面談して、「挨拶」した結果、お金が動けば「権限に基づく影響力」の行使そのものであろう。今後の展開に期待したい。

相模原障害者施設殺傷事件をどう受け止めるべきか

2016年08月19日

金閣寺放火事件のような妄想による犯行か、騒がないという日本の伝統的な犯罪対策

2016年7月26日未明、相模原市の障害者福祉施設に、元職員が侵入し、職員を拘束バンドで拘束したうえで、用意した刃物で入園者を次々と襲った。その結果、死傷者45人、うち19人が死亡した。犯人は、そのまま警察署に自首した。

この大事件を前にして、我々は、どう受け止めるべきなのか、治安の観点から検討したい。このような場合、何が起きたのか、正しく理解することから始めなければならない。

この事件の第一の特徴は、単純に見れば、一度期の殺人事件として歴史上稀に見る19人もの死者を出したことである。そこから見ていきたい。日本の殺人事件について20世紀以降全て調べたが、人数に注目すれば、有名な津山の32人殺し（1938年）、テルアビブ空港乱射事件（死者26人、1972年）、日航逆噴射事件（死者24人、1982年）が今回を上回る記録である。津山の事件は、犯人は直後に遺書を残して自殺しており、テルアビブ空港乱射事件は、3人の犯人によるテロ事件であり、日航逆噴射事件は、全く計画性がなく

心神喪失による不起訴となっている。

いずれも、今回の事件と、非常に重要なところで異なっている。連合赤軍やオウムの一連の事件も、被害者数は匹敵するものの、全く別種のものであることは説明するまでもないであろう。12人の犠牲者を出した帝銀事件も金銭目的であり、まるで異なる。結論として、大勢の犠牲者を出した殺人事件によく似た前例はない。

結果的に二けたの死者を出したという条件をはずして、犯人が、主観的に大量殺人を目指したものとなれば、これは解釈によっては沢山ある。「みな殺しにしてやる」と主観的に思ったが、殺人未遂で終わるとか、1人殺害して止めるということは、よくある。しかし、カッとなってという事件は普通の事件であり、類似性を云々するレベルではない。

もう少し絞って、大量殺人をするために計画を練って準備したとするならば、最近なら池田小学校児童殺害事件（死者8人、2001年）、秋葉原通り魔事件（死者7人、2008年）が想起される。他にも8人前後の殺害した事件は、小平義雄、古畑惣吉、大久保清等の有名事件から、大きく報道されなかった一家皆殺し事件まで、多数あるが、どれも動機が異なっている。大量殺人を企画する犯人の共通点をさぐれば、第一の共通点は自分が死ぬつもりであったし、少なくとも悪事を働いている自覚はある。結論として、殺人事件の中には、今回と似た事例はないということになる。

次に、事件内容は脇に置いて、動機にだけ注目してみよう。「障害者を安楽死させたかった」と本人は言っていることから、障害者に対するヘイトクライムという見方が報道の中に散見される。しかし、これは見当違いであろう。犯人は、障害者に対する憎しみから行動しているわけではない。

また、優生思想の保持者という解釈もされるが、犯人は、精神疾患を患っており、妄想の中にいると思われる。妄想による犯罪といえば、よくあるのは、自分が攻撃されているという被害妄想から、加害してしまうものである。オウム事件も、その典型であった。今回の事件は、自分は、偉大なことを成し遂げる英雄であるという妄想が特徴である。この部分が、今回の事件の最大の特徴である。

妄想による犯罪ということなら、それはそれで多数あるのだが、その場合、計画や準備自体が妄想の中なので、実行力が伴わないことが多い。いわゆる通り魔殺人事件も、未遂に終わる可能性が高い。今回大きな被害が出たのは、自分が勤務していた施設を襲ったためである。しかも、ターゲットにされたのが、防御能力が極めて低い人たちであったからである。

これまでの分析をまとめると、この事件は、精神疾患による妄想から引き起こされたと第一に特徴づけられるが、自分の元勤務先を襲ったことおよび、被害者の防御力が低かったという条件から、不幸にして、驚くべき多数の死者を出すにいたったということである。

以上のようにまとめると、実は、ひとつだけ似た事件がある。それは1950年の金閣寺放火事件である。これも犯人は正しいことをしているという妄想のなかにおり、しかも内部犯行であったため、大きな被害がでた。実に66年ぶりということになる。

以上の事件理解を踏まえて対策について述べたい。対策が効果的であるためには、よくある事例に対して有効な対策を打たねばならない。今回のような稀にして対策が取りにくい事件については、後に回すことが合理的である。別の言い方をすれば、突拍子もない事件に振り回されず、大量に起きる事件への対策が有効的に為されているかどうかこそ注目すべきである。驚くべき事件に触発されること自体は肯定的に捉えてよいが、対策というものについての根本的な姿勢が間違っている。

何もしなくても次の事件は50年から100年後だとすれば、別のことを心配した方がよい。どうすればいいのかと騒ぐのではなく、何もしないことは、しばしば最良の対応である。そして、何もしないことは、実は、日本社会の犯罪対策の伝統的なやり方である。

こういわれてもピンとこないであろう。二つの観点から、説明してみよう。原因を究明して、因果関係を断つというのは、欧米文明の特徴である。高い壁を築き、重装備の武装人員を並べる。しかし、その結果は、日本と比較すれば、凶悪犯罪を減らすことに失敗している。病原菌を突き止め殺すという西洋医学は大いなる結果を出したが、犯罪は、原因を未だに突き止められずにいるということかもしれない。いずれにせよ、高い塀や、厳重警備しない日本のほうが成功している。そのうえ、日本における最近の凶悪犯罪の減少傾向は著しい。その意味では、このままでいいはずである。

とんでもない事件が起きたさいの、日本社会の伝統的やり方は、魔物が取りついただの、祟りだのの解釈で済ませ、防犯よりも、各々が日頃から正しい行いをするようにという結論で終わる。これによって、無駄なことをしないで済んできた。

このように、祟りという解釈には、古い知恵が含まれていたと考えるが、この種の考え方は、不当な差別を生む負の側面もある。祟りでは済ますことはできない。そこで、これまで明示的に語られて来なかったが、合理的に考えて防犯対策はあえてしないということを、私は主張したい。

なお、誤解のないように付言するが、これを機会に、精神障害者の措置入院後のケアをさらに充実させることは大変意義のあることであるし、ヘイトスピーチについての議論を深めることにも意義があると考えている。ただし、それを犯罪対策の文脈で論じるのはおかしいという主張である。

高齢者の万引きは本当に増えているのか（上）

２０１６年12月14日

一人暮らしの老人の犯行では駆けつける家族なく検挙に、見えにくい発生件数の実態

高齢者ドライバーによる痛ましい自動車事故が、連日報道されている。高齢者の犯罪増加も話題となっている。さまざまな報道のされかたをしているが、高齢者による自動車事故の件数は、ここ10年間毎年減少しており、事故に占める高齢者の比率のみが増えていることを正確に伝えている報道もある。それでも、人々の印象は、高齢者犯罪は増えているにきまっているというところであろう。私にできる限り、現状を正確に把握して伝えておきたい。

犯罪白書の一般刑法犯、すなわち、刑法犯から自動車事故を除いた犯罪の検挙人員を見てみると、２０１４年１年間における65歳以上の検挙人員は４７、２５２人である。これは、２００６年の４６、６３７人からほとんど増えていない。ところが、１９９０年の検挙人員は６、３４４人しかいない。実は、高齢者の検挙人員が爆発的に増加したのは90年代に入ってから２００６年までの間である。

この間の変化については、すでに太田達也の詳細な分析がある（「高齢者犯罪の実態と対策」『警察政策』

誌、2009）。また、犯罪白書にも毎年高齢者犯罪についての分析がなされている。それらのデータから、1990〜2006年と2007〜2014年の前後半に分けて概要をまとめたい。

まず、高齢者人口増について検討しておこう。65歳以上人口は、1990年には1、493万人、2014年3、300万と約2倍強となっている。特に2006年は2、660万と前半は人口増の比率が急激である。この要因は大きいが、それでも検挙人員が7倍以上になったことのすべては説明できない。人口比での高齢者の検挙人員増は、前半4倍弱増、他方、後半は2割弱の減少となっている。

犯罪報道はどうなってきたかといえば、1995年の地下鉄サリン事件まで全年齢対象にしてもほとんどなく、97年以降は被害者がクローズアップされ、とりわけ少年犯罪が注目された。ここ10年、少年による凶悪事件は急減しており、犯罪に占める高齢者犯罪の比率が上がってきたせいで、高齢者犯罪が注目され始めている。報道に振り回されると、全く実態と異なる印象を受けてしまう。

日本の犯罪状況は、海外と比較すれば、少年と若者の犯罪が著しく少ないことが特徴である。これこそ注目されるべきだが、今回は、高齢者犯罪についてのみ、まとめる。

前半部分における高齢者犯罪の特徴を見ておこう。その5分の1が、若いころから検挙歴があり、一生犯罪を続けている人たちである。かつて、このグループの人たちは、悪い環境に生きてきたせいで長寿に恵まれなかったと推察できる。ヤクザなどは「太く短く」などとうそぶいていたが、実際、高齢のヤクザは少なかった。

現在は、犯罪から一生抜け出せない人々でさえ寿命が延びたということであろう。残りの5分の4は、65歳までに検挙歴がない人々、つまり、高齢になって初めて犯罪をするようになった人々である。

女性の万引き犯が、そのなかで大きな比率を占めている。認知症が有名だが、その比率は1割もない。この人たちの特徴は、経済的には困っておらず、利欲目的の犯行が多く、一人暮らしが多く、子供との接触が少なく家族から孤立していることが多い。

格差社会などに原因を求めて福祉の充実を対策として持ち出すのは見当はずれである。身体的にも、元気に一人で外出できなければ犯行は不能である。交通事故についても、外出できない人には不可能である。弱者と犯罪加害者は、単純には結び付かない。

一般に、人は年齢を重ねるほどに犯罪をしなくなる。累犯者でさえ、年を取れば、いつかはやめる。これはデジスタンスと呼ばれて現在、さかんに研究されている。ところが、日本では、そうならない。最初に考えられる理由は、簡単である。年齢を重ねても、年を取らなければやめない。つまり、高齢者が若返れば、年齢効果はなくなる。それこそ、日本社会のこの時期に起きたことである。

犯罪増イコール悪いことだという思い込みを捨てなければならない。高齢者が、元気いっぱい若返れば、若者並みに犯罪も起きるのは当然である。その根拠として、この時期に、万引きだけでなく、殺人や強姦も含めてあらゆる罪種において、高齢者の犯罪検挙人員が急増していることがあげられる。

まるでトリックだが、たとえば仮に高齢者の定義を85歳以上などと改めれば、高齢者の犯罪はほとんどなく、高齢者になれば累犯者でさえ犯罪をやめるということが真実となる。

ただし、この若返り説で、この時期の高齢者の検挙人員増を全て説明するには増加率が高すぎる。残りの増加を説明する二つの仮説がある。

第一は、高齢者の万引きなどは、かつては見逃されていたが、警察に通報され検挙されるようになったというものである。この意味付けは、儒教道徳の影響で、高齢者の犯罪に対して厳しく当たらない伝統が消滅しつつあるというものではない。

一人暮らしが多く、家族との接触が少ないことは、高齢者が事件を起こした際に、駆けつけて、「今後気を付けますから」という形で、許してもらうことができなくなったことを推察させる。統計上、急増しているのは検挙人員であり、許してもらった場合はカウントされない。つまり、犯罪発生数自体は見えないので注意が必要である。

第二の説明は、65歳以上というところに特別な意味を見つけることである。年齢効果だけなら、50代から、同様の傾向がみられそうなものだが、それはない。私が注目するのは、「失業」である。犯罪の原因として、失業率の増加が犯罪増に対して最も大きな効果を持つ要因として知られている。定年退職という意味付けではあるが、これも一種の「失業」としての効果を持つのかもしれない。

若返りの現象と重ね合わせれば、まだ元気なのに定年で辞めさせられたという意識なら、これは失業に近いと言えばこじつけであろうか。原因論として検証は不十分であるが、元気な高齢者が生きがいを持てるようにすることは、試みられるべき対策であると考える。

さて、後半の時期、人口比での検挙人員が2割減であることをどう考えるかである。統計には、いろいろな要素が作用するが、殺人事件は、検挙率も高くそう簡単に影響を受けない。この間、高齢者の殺人実数がほぼ横ばい、つまり人口比2割減である。ということは、刑法犯の減少傾向は本当であろうか。総数に最も影響する大カテゴリーの万引きについて検討しなければならない。

高齢者の万引きは本当に増えているのか（下）

２０１６年12月22日

この10年間は微減傾向なのに、大きく報道された結果、増加している印象を与えている

かつて万引きと言えば少年だったのだが、今や高齢者が実数では上回る。万引きについては、二つの変化に注目しなければならない。第一は、特定非営利法人全国万引犯罪防止機構が２００５年６月23日に発足し、万引きの被害届を警察にできるだけ出してもらうようキャンペーンが始まったことである。被害が軽微なら、警察に通報したことによって、人手が取られることを嫌って、店としては、通報せずにすますことが少なくないのが実態であった。それを無くそうという動きである。また、刑法改正により、２００６年5月28日施行以降、２３５条の窃盗の刑罰として、それ以前は懲役刑のみであったことに加えて50万円以下の罰金刑を可能とした。これは、軽微な窃盗事件を立件する方針に他ならない。このように検挙人員を増やす方向の改革が進められているにもかかわらず、検挙人員は増えていない。

このように検討してくると、２００６年以降の高齢者の万引きも凶悪事件も微減傾向であることは間違いないように思われる。この結論を出すにあたって、唯一の懸念は、他稿で述べたように、予算のルールが変

わり、「犯罪が増加すれば予算増」から「政策日標である犯罪減少が達成されれば予算増」となったため、犯罪認知件数が「過少申告」されている懸念があることである。これについては決定的なことは言えないので注意の喚起に留めたい。

以上が、高齢者の犯罪実態であるが、最後に政策形成と報道という観点から昨今の動きを概観しておきたい。2006年以降高齢者ドライバーによる交通事故は微減傾向、他の刑法犯についてもおそらく微減傾向であるが、少年と若い成人がドライバーである交通事故とその他の刑法犯の減少が急減と言ってよい状況にある。その結果、交通事故や犯罪に占める高齢者の割合は急増している。

政策方針として、高齢者ドライバーによる交通事故と犯罪に焦点を当てて重点的に対応することは全く正しいと考える。そのさいに、実情を丁寧に説明することなく、高齢者ドライバーによる交通事故や万引きが、さも増加していると誤解を与えることに対して無頓着な報道がされている。

この無頓着さは、関係者が想定しているより重大であると私は受け止めている。日本に限らず世界中の傾向のように感じられるが、悪い話ばかり聞かされて不満や不安を一般の人々がため込んでいるように思う。

交通事故も犯罪も、どんどん減少しているということをもっと大きく報道し、人々に安心を取り戻すことこそ優先すべきだと考える。さもないと、少年犯罪に対して厳罰化するという見当はずれの政策がとられたのに続いて、高齢者の運転免許を取り上げ、外出を監視するような政策が支持されてしまうおそれを感じる。

問題だと騒いで厄介者をどうにかするというトーンではない、落ち着いた議論が為され、不必要な厳格な施策が取られないことを望む次第である。

いじめと刑事事件の間にある距離とは

2017年03月14日

福島からの避難児の被害者の苦しみを理解しなかった横浜市教委

原発事故により福島県から自主避難した男子生徒が、横浜市で、いじめに遭ったことが話題になっている。新聞報道によれば、「○○菌」と呼ばれる、「プロレスごっこ」、ゲームセンターで「代金をおごらされる」などのいじめを受けて不登校になったという。なかでも、おごらされた金額が、被害者側によれば150万円にも上ることが注目されている。

私は、この事件の真相を知りえる立場になく、この事件解決については直接言及せず、むしろ、いじめ事件解決の一般論としてどうあるべきか論じておきたい。なお、教育委員会の対応については専門外なので控えめに論じ、福島からの自主避難の問題も、いじめの取っ掛かりと受け止めており論評対象からははずしたい。

「プロレスごっこ」などで痛めつけられながら、ゲーム代、飲食費などの「代金をおごらされる」ケースについて、「普通の感覚」として、強盗は無理でも、恐喝罪かなにかで逮捕できないのか、お金を巻き上げたのでしょう、という意見をしばしば耳にする。

確かに、「またあの痛いプロレス技をかけるぞ」と脅せば、確かに恐喝罪か強要罪になりそうに思われる。刑罰についてのアンケート調査を手掛かりに予想すれば、人々の意識は、加害者を「刑事罰で厳しく罰し、150万円は被害者に返却させ、さらに反省させて、今後二度と繰り返さないように更生させる」あたりではないかと思う。

しかし、現実はむずかしく、このような人々の意識に沿った「解決」がなされた事件など聞いたことがないのではないか。その結果、人々はフラストレーションを蓄積し、そんなことしているから少年犯罪が増加し凶悪化している、と勝手に想像している。

実際は、少年犯罪は増加していないどころか激減していることは、少し調べれば確認できる。日本の非行少年対策は、世界の中で飛びぬけて成功している。それなのに、犯罪状況の正確な理解ですら、保持しているのは日本の人口の1%もいない。

ひとつ考えられる仮説は、見事な対応をした事件は全く知られず、悪いことだけがニュースに出ているからというものである。いじめについても、具体的な成功事例が報道されれば意義深いはずである。ところが、そこがうまく行かない。なぜなら、具体的な成功例とは、被害額を賠償してもらい刑事事件にはしないというものだから、多くの人々にとって成功とみなされないからである。

ゆっくり説明していきたい。問題は事実認定である。被害者側と加害者側の認識が一致して、こういういじめがあったというところから人々は考え始めるが、それは無理である。プロレスごっこが、子供の遊びレベルなのか、いじめなのか証明はむずかしい。○○菌と呼んだことでも、それを聞いていて証言できる者が、それが執拗に繰り返されているところまで証言できなければ、一度や二度聞いただけではいじめ行為としての認定はむずかしい。

おごったのも領収書などあるはずもない。加害者側が認めてくれなければ、刑事事件が要求するような証拠は手に入らない。150万円というのも、一方の主張に過ぎないことになってしまうのである。

ここで注意しなければならないことは、加害者がウソをついていると考えてしまうことである。いじめ事件は、被害者だけが鮮明な記憶を持ち続け、加害者は忘れていることが多い。加害者にとって、熟考の結果いじめを実行するわけもなく、覚えていたい事柄でもない。

いじめ事件の解決を依頼されて加害者に会えば、被害者から聞いて想像するようなとんでもない人間ではなく「普通の人」かむしろ「弱い人」であることが多い。悪者と決めつけて「厳しく」あたると、加害者側は事実関係を認めてくれない。そうなると、証拠不十分で、刑事事件化ができないどころか民事事件でも難航する羽目になる。

結論を急がずに、自分がこの事件をなんとかすることを頼まれたと想定して対処法を考えてみればよい。

私の経験で、最も大切にすることは、いじめられた側の意思である。第一に確認が必要なのは、他の地域に引っ越すかどうかはともかく他の学校に転校したいかどうかである。紛争解決方法を探るとき、最初の分かれ道は、現在の「共同体」に居続けるか、出ていくかである。居続ける場合は、相手との関係を「良好」にするしかない。

いじめた側こそ出ていけという声もあるが、共同体からの追放は人類学的には極刑にあたりできない。元来は、他の「共同体」でやり直すのは、殺人事件を起こしたような場合に限られ、同じ共同体内で、「いろいろあった」としても共生するのが基本である。現代社会は、非常に強い個人は、他地域に移動して生きていけるが、これは例外であるし、福島からの自主避難者には選択肢になりにくいと想像する。

同じ地域に住み同じ小学校に通い続けることを前提にすれば、加害者との関係、学校との関係を「良好」にする他ない。そこでどうするかといえば、これまで蓄積されたノウハウに従えば、刑事事件化は勘忍してあげるが、いじめの事実は認めてもらい、金銭賠償はしてもらい、謝罪もしてもらうということになる。

実は、教室内での窃盗のように証拠がある場合でも、弁済して示談書をいただければ、立件されても書類送検で起訴猶予となり刑事罰を受けないどころか、裁判にもかけられないのが実務の現状である。窃盗など故意なのだし、もっと厳しくしないと、という人々が大多数であろうと想像するが、それを実行すると、日本が誇る治安の良さは失われるであろう。

強盗も強姦も、年間認知件数、アメリカの百分の一、人口比で計算しなおしても文字通り桁違いの治安の良さである。これは、多くの前科者を社会に送り出す代わりに、悪いことをしたことを認めさせて謝罪させて許すパターンにより、やり直しなさいと社会の順行コースに、同じ人数を戻すことの結果として当然であろう。

窃盗の場合は、逮捕して起訴することを脅しに使って、弁護士から弁済、謝罪をして示談書を取るように導いてもらうパターンが通用してきたが、いじめの場合、恐喝で逮捕して、このパターンに持ち込むのはむずかしい。いじめの場合、相手方との関係がこじれると、民事訴訟を仕掛けて和解を目指すぐらいしか方法はなくなる。

窃盗との比較からわかるように、いじめといいながら犯罪行為が含まれる場合は逮捕でよく、そうでない場合には、民事弁済中心に解決をはかるほかない。他方、いじめについては、広範囲に認めてよく、かといっていじめがあったから重大事件扱いすることもない。いじめられた本人は、しばしば、「誰も何もしてくれない」ことに苦しんでいるのであって、重大事件として騒いでほしいのではない。横浜市教育委員会の、いじめを認定しない対応は、そこを理解していなかったことを批判されるべきと考える。

共謀罪から見えてこない具体的な想定犯罪

2017年05月30日

司法取引、通信傍受とセットで捜査能力の向上を狙い導入か

犯罪を計画段階で処罰する「共謀罪」の趣旨を盛り込んだ組織的犯罪処罰法の改正案が成立しようとしている。

この動きを広い視野で捉えて理解することに挑んでみたい。立法の動きを観察し評価するためには、立法提案者の説明をまず聞き、それから反対意見を吟味するのが通常である。

今回、どこが常道を逸しているかと言えば、政府側の説明の中心であるはずのテロ対策と国際条約の批准が、到底厳密な議論に耐えない、とってつけたような理由にしか聞こえないだけでなく、反対する側の主張も、警察に武器を与えると市民社会の自由が侵されるという、極めて抽象的なもので、隠された本音のぶつかり合いが見えてこないことである。

政府が本当の狙いについて語らずに、別の大義名分を持ってくることは、是非はともかくよくあることであるが、本当は何がしたいのか見えないことはめずらしい。

法律を制定するさいに、それを促す現実問題を立法事実と呼ぶ。刑事法の場合、本来、治安の乱れや、対策漏れしている犯罪の頻発などが想定される。ところが、今回の共謀罪を考察してみても、組織的な犯罪で具体的に問題になっている犯罪が思い浮かばない。

警察と検察が一生懸命になっているのに、立法事実がないはずがないとすれば、それは何であろうか。罪種を絞って細かくみると見えないのだが、むしろ大きな視野で捉えると、私には、これではないかと思い当たることがある。犯罪の現状悪化ではなく、捜査力の低下が起きていれば、それに対処するために、新たな捜査方法の工夫が必要になるはずである。

警察レベルで観察すれば、警察官の総数は、戦後から一貫して増加、最近も、日本経済が停滞期にあることから一般に公務員の数は抑制されているにもかかわらず、警察官だけは増員中である。それにもかかわらず、検挙件数は大幅低下中である。警察官増員のおかげで犯罪が減少したから検挙件数が減少したとの解釈も可能に見えるが、一件の検挙にどれだけの労力がかかっているかという観点からは、捜査力の低下は明白に思われる。

ただし、公平の観点から述べておくが、これは警察官の能力低下よりも、捜査に協力してくれていた地域社会の連帯力による民間協力の低下のほうが大きな原因だと私は見ている。それでは検察はどうか言えば、裁判員制度導入、取調べの可視化など、大きな改革が起きる中、これまでの自白調書があれば有罪にしてくれていた裁判官が、それを認めてくれなくなるという「危機」に陥っている。

「自白があればよい」が認められないことは、証拠が必要であるということを意味し、やはり証拠を得るための手段の拡充が必要になってくる。実は、その流れで、司法取引と通信傍受が武器として獲得されている。この動きと共謀罪の関係をみてみよう。司法取引を持ちかけたい犯罪は組織犯罪であり、組織の周辺的な被疑者がターゲットである。

その点は共謀罪と重なり合って、ひょっとすれば共謀罪は、司法取引を有効にする可能性がある。また、通信傍受も、それによって得た情報が共謀罪に問える証拠となりえるわけで、共謀罪との関係は密接である。そうしてみると、司法取引、通信傍受、共謀罪は、捜査能力を向上させる道具のセットを構成しているように思われる。

これらの考察からまとめると、特定の犯罪の問題ではなく、全般的な現象として警察も検察も捜査力の向上を求められており、その手段として、司法取引、通信傍受とセットで共謀罪の導入があるということになる。

警察と検察が強くなりすぎて国民生活の自由が侵されるというお題目を唱える前に、良く観察すれば、警察と検察は、むしろ自分たちが追い込まれているという感覚を持っているように私には思われる。

ただし、このことでもって警察、検察による捜査権の濫用が心配ないということにはならない。市民生活の自由を守ることが最優先事項であることに私は全く異論がないが、それは、立法内容や警察内部の動きの問題ではなく、どの政治家を選ぶかに全てがかかっていると認識している。それを間違えば、政治家は、弾圧に必要な法律をつくる立法権も、警察官僚を統制する行政権も保持しているからである。

共謀罪の濫用どころか、もっと露骨な立法を議会多数派は、いつでも作ることができる、その心配こそ必要であり、選挙で戦うべき事柄であると考えている。

大阪地検の森友学園事件の追及はどこまで？

２０１７年10月05日

しゃべりすぎるキーマンの逮捕と時間稼ぎか、捜査に期待するより選挙での審判が本筋

今春から騒がれてきた森友学園の籠池（泰典・諄子）夫妻が、２０１７年７月31日大阪地検特捜部によって逮捕された。容疑は、国土交通省の「サスティナブル建築先導事業に対する補助金」に対する詐欺容疑である。そして、８月21日、今度は、大阪府に対する補助金詐欺と同未遂の容疑で再逮捕された。

捜査する側は、取りつきやすい手掛かりから始めて本丸を目指すのが常道である。大阪地検特捜部は、本丸の、財務省近畿財務局からの国有地払い下げのさいの８億２、０００万円の値引きについて犯罪でなかったかどうか確かめてほしいというのが大方の期待するところであろう。理想を語るのは簡単であるが、こと捜査については現実的困難をどう超えていくかである。今回の特捜の動きと、これまでの類似事件の処理を手掛かりに、現状を診断してみたい。

まず31日の逮捕には、二つの注目点がある。第一は、夫婦ともに身柄拘束したことである。法律上は、「逃亡のおそれ」または「罪証隠滅のおそれ」があるときのみ身柄拘束されるのであるが、逃亡のおそれは全く

なく、罪証隠滅しか理由にできないのだが、逮捕に踏み切っている。そのうえ被害額が小さく、被害弁済まで されていることを考慮すれば身柄をとるような事件ではない。

この点については、第二の逮捕がきたこともあって、何が起きているのか予測することはたやすい。ストレートに言えば、籠池夫妻を黙らせるためであろう。これまでも「しゃべりすぎるキーマン」の逮捕ということは何度も起きている。1998年の大蔵省接待汚職事件の際の野村証券法人営業管理部課長代理の別件での逮捕、2002年の三井環・元大阪高等検察庁公安部長の逮捕を例としてあげておこう。

さて、問題は、なぜ黙らせたいかである。森友事件は、補助金詐欺法違反に絞ってさえ関係者が多数いる。籠池氏の独演でないどころか、彼が中心でないことは間違いないであろう。補助金を直接ではなく、工事代金としてや、建物の設計費として間接的に受け取った者や、さまざまな仲介者がいるはずである。どこまでを検挙のターゲットにするか、現実には、どこかで線引きが必要になる。捜査打ち止めラインを引く際に、しゃべりすぎる人物は邪魔である。

第二の注目点は、補助金適正化法違反ではなく、詐欺罪の容疑で逮捕したことである。特別法は一般法に優先するので、補助金適正化法違反を適用しなければおかしい等の法律論はすでに出されていて、全くそのとおりだが、行為論をとる刑法の議論は緻密すぎてわかりづらい。もっとわかりやすく実質論をしておこう。

典型的な詐欺なら、補助金はもらったが建物が建設されないまま詐欺師は行方不明となる。籠池氏は、学校をまがりなりにも立てて運営しようとしていて詐欺師ではない。この事件は、補助金を実際に受け取れる以上に水増しして受け取ったという典型的な補助金適正化法違反である。それなのに詐欺罪で逮捕の理由はなんであろうか。詐欺罪の方が、補助金適正化法違反より罪が重い。ひとつの解釈はより重い刑罰を科すためである。

まとめると、これまでの推測から、最悪の結果が導き出されるおそれがある。それは、籠池夫妻だけに捜査対象を絞って、２人だけに重い罪を着せようというものである。これは、１００％政府官邸に追従する結果となる。司法の政治からの独立という点ではまさに最悪の結果であろう。ただし、政権が揺れ動く可能性がある中での微妙な動きとなるであろう。

時間を稼ぎたい理由は、二つ考えられて、第一は、前述のように長く身柄拘束して黙らせたいことがある。第二は、実は重要で、安倍政権が、もし終局を迎えれば、この事件の重要性が下がって事件処理がやりやすいことである。もちろん、両にらみの可能性も強い。推測も含めて、現状から言えることはこのぐらいであろう。

続いて、森友事件の動きを離れて、過去の類似事件という観点から検討しておこう。財務省による国有地の売却だが、国有地や地方自治体の土地の売買の歴史は、汚い話のオンパレードである。金目当ての人物が跳梁するため、土地買収のほうが目立つ事件は多い。いわゆる地上げには暴力団の影がつきまとい、ダムなどの公共事業の用地は、情報を得て先回りして予定地を買収して高く売りつける人々がいた。国有財産売却といえば裁判所が差し押さえた不動産の競売が多い。

１９７０年代ぐらいまでは競売屋と呼ばれるグループが暗躍しボロ儲けしていた。また、現在の暴力団事務所も多数が、競売によって手に入れられたものだという。極めつきは、同一人物が、国有地を安く売却してもらい、後に国に高く買収してもらうパターンである。事故を起こした福島第一原発の土地の３割ぐらいは、このパターンであった、といわれている。

このように言うと、国有地の売買はインチキばかりとの誤解を与えてしまうので少し説明しておこう。日本の政治の面白いところだが、清濁併せ呑むと言われるように、真っ黒の取引はまずない。「例外的」取引には大抵理由があって、大変意義があって応援したいが予算がつけられないとか、他に競売で誰も入札してくれないもの引き受けるかわりだとか、正当性があるのが原則である。しかし、例外を認めると、その濫用も起きうるというところである。

森友学園事件も、大変意義があって応援したい特別な案件という扱いで、ゴミが埋められていた除去費用などの「工夫」をこらして対応したのであろう。実際は「特に意義がある学校建設」ではなかったことが暴露されたために非難を免れないが、財務省側に対する刑事事件化は困難と推測せざるを得ない。

思い切って単純化すれば、国有地の払い下げで、非常に有利な値下げがあっても、意義のあることに使われるならヨシとの暗黙のルールがあるとして、森友学園の教育の問題は前もってわかってなかったうえ、首相夫人が肩入れしている学校法人に、このルールを適用したなら、財務省側の刑事責任追及は無理ということである。

どこが間違っていたかというと、それは、首相夫人が、このような学園に肩入れしたことなのだが、ウワサの100万円の譲渡が本当だとしても、それでさえ犯罪ではない。検察に無理筋の捜査を期待するよりも、選挙で裁くのが本筋であると考える。

検察の役割に話を戻すと、詐欺罪あるいは、補助金適正化法違反のほうで、籠池氏の周辺で蠢いていた人々について、共犯を問うことは、せめてやってほしい。

最後に、感想だが、森友学園事件と、いつも一緒に語られる加計学園について述べておきたい。加計学園は、土地を安く払い下げどころか無償で提供されて、さらに「補助金」もいただいている。金額も、文字通り桁が違う。しかし、地方議会を通している以上、全く合法である。古い法格言にある、「本当に悪いやつは捕まらない」を思い出すが、ここでは、それ以上に大切だと思うことを指摘しておきたい。

アメリカの話であるが、某企業は、一般には禁じられているが、やれば大きな集客力があることを、有能な弁護士を雇って、ある地域だけで許可を取り、文字通りの経済的な大成功をあげている。この企業名をあげれば、私は、名誉棄損などで、いわゆるスラップ訴訟を起こされるので名前も挙げられない。こういうことが現在はやっている。実に嘆かわしいことである。

経済特区が岩盤規制を破るなど笑わせる言い訳に過ぎない。ロビー活動を得意とする企業が、自分だけが特別の利益あずかる仕組みが経済特区の正体である。カジノも、この筋で理解すれば、見事なまでに当てはまる例である。立法からいじられては検察の出る幕はない。カジノは合法である。

こうなっては、国民が怒り、自ら投票に行くしかない。しかも、奇妙なめぐりあわせで衆議院選挙が今月中にも実施されるようである。検察の仕事は、選挙の後になってしまった。

座間殺人事件で考える「ＳＮＳとの付き合い方」

２０１７年12月13日

未成年の被害者が携帯電話にフィルタリングをしていれば犠牲になっていなかった
２０１７年10月末に発覚した座間市での９人の殺害事件は、大きく報道された。ひととおり情報が出そろったところで、この事件が何であったのか冷静に考察しておきたい。
まず、日本人の殺人事件について調べた経験から、この事件の特徴を整理する。被害者の数に注目すれば、これまで、被害者数が10人を遥かに超える事件は、数えてみるとかなりある。しかし、最大の津山の30人殺しも、相模原の障害者施設殺傷事件の19人も、一度の機会で多数殺害している事件がほとんどであり、日を置いて連続殺人の形でこれほどの人数の被害者を出したのは、古谷惣吉（犯行時・１９６５年）と大久保清（同・71年）ぐらいしかいない。
なお、８人から10人を一挙に殺害するのは、一家皆殺しのさいの家族人数が多かったせいもあって、過去には多数存在する。ここで海外に目を向ければ、30人、50人を長きにわたって１人ずつ殺害した事件が多数存在する。

しかしこれは事例を検討すれば、犯人の能力や特異性ではなく、警察が検挙できないから起きていると考えられる。そこから逆に、日本の場合、連続殺人が、少人数に留まるのは、警察が逮捕してしまうからだと考えられる。

今回の事件は、以上の考察と見事に符号する。今回9人もの犠牲者がでたのは、犯人の犯罪者としての高い能力のせいよりも、警察が捕まえられなかったせい、それも9人目の犠牲者が出るまで、殺人事件が起きていることさえ発覚していなかったことが原因である。

この部分が最大の注目点として後で考察するが、先に、犯罪者側の特徴について簡潔に見ておきたい。いわゆるバラバラ殺人事件は、ほとんどの場合は、犯罪者が遺体の処理に困って発生する。前もって十分、遺体の処理の事を考えないで犯行におよんでいる、イキアタリバッタリ系の犯罪である。さらに、遺体を移動させる力も不足していることが多い。端的に言えば、犯罪者の能力が低いケースがほとんどである。

今回の事件も、これに該当する。猟奇性については、多少その傾向は認められる可能性はあると思う。殺し方に拘ったり、冷蔵庫に遺体を保管したり、頭部だけ全て残していることなどが気になる。もっとも頭部を処理できずに困っただけという解釈もできるので、猟奇性はないという可能性もある。

いずれにせよ、犯行の準備も犯行後の処理も後手にまわっており、ヘボ犯罪者のイメージが強い。それにもかかわらず、すぐに捕まらなかったことについて、いよいよ検討しよう。

警察が検挙できなかったといえば、警察の捜査力が落ちたということになるが、注意すべきは、このことは警察官の能力の低下のせいではないことである。9人目の犠牲者の件において民間と警察の連携がなされたら、見事に迅速に逮捕にいたっている。それまでの8件は殺人事件として捜査開始されていなかったところに問題があるわけである。

この原因は、村の中のような狭い共同体の中で人々が暮らしていた時代には、消えるはずのない人物の失踪が短期に連続すれば大騒ぎになって捜査されたという状況が現在は失われているということにつきるであろう。ＳＮＳを利用して人を集められると、極めて広域に渡ってしまう。伝統的に警察組織は、隣の警察署の管轄になるだけでも連携が困難になる特徴をもっており、都道府県警間の連携はむずかしい。

しかし、朝日新聞の検証記事によると、２０１６年に警察に届け出があった行方不明者は８万４、８５０人、そのうち事件性があるとされた特異行方不明者は５万６、１１５人、所在確認された者５万５、４２２人である。このうち７割が届け出から１週間で見つけられている。非常に高い確率である。

携帯電話やスマホの電波を追えば、地域が絞れること、防犯カメラの映像で駅の改札などをチェックできることも大きいようである。この現代的な捜査方法は、聞き込みに頼る伝統的な手法より、行方不明者については有効なのかもしれない。

ところが、今回の事件では９人目まで事件発覚していない。それまでの８人は、行方不明者としては、それなりに追跡捜査がなされたようだが、及ばなかった。通常の行方不明者捜査では、十分な効果は期待できないとみてよいであろう。

海外の事例では、最後に発覚した理由は、近隣の住民が匂いなどの異変に気付いた結果である。今回の事件では、近隣からの通報はなかった。地域の人間関係の希薄化は、益々進んで、多くの人々はスマホで他人と繋がって生きていく方向にシフトしている。被疑者も活用したＳＮＳを含めたサイバー空間の秩序について本気で考える必要がある。

被疑者は、匿名のツイッターを通じて自殺願望者を探しだし、誰にも告げずに会いに来るようにしむけた。その結果、9人目まで事件は発覚しなかった。それでは9人目の事件は、どうして発覚したのか。報道によると、被害女性の兄が、妹のSNSをチェックし、情報提供を呼び掛けて、被疑者を知る女性が、おとりとして協力した結果、逮捕に繋がった。

これは何を意味するのであろうか。SNSを調べろということではないのか。より一般化すれば、サイバー空間の安全性と、捜査機関の権限をどうすればよいのかという問題である。実は、SNSのアカウントを規制し、匿名は禁止し、当局への届け出などまで科していけば、個人のプライバシーは瞬く間になくなり、位置情報により、24時間居場所を特定されるというおそるべき状況もありえる。

アメリカでは、国家が市民の情報を許可なく大量に収集する事件が何度も起きている。技術的には、アメリカの軍需産業が、ほぼ全ての人のSNS上の情報を収集することを可能にしている。日本は、この方面の対処を急ぐ必要がある。

まず、日本の現状を診断しておこう。SNSの規制は、青少年インターネット環境整備法により、青少年を有害情報から守るために携帯電話を買うか機種変更するさいにフィルタリングソフトをいれるように販売時に設定することができるように、業者に義務付けている。

その結果は、内閣府「青少年インターネット利用環境実態調査」によれば、フィルタリング加入率は2015年に携帯電話61・1%、スマートフォンの45・2%である。この数字は酷い。

青少年条例の幾つかは、この加入率をあげるための条項を定めている。たとえば、東京都は、第18条の7の2で、フィルタリングの導入を拒否する保護者は、書面により理由を提出することが義務付けられている。

それでも加入率は上がらない。

そして、警察発表のごとく、被害に遭う青少年は、フィルタリングにほとんど加入していない。ここまでは、ご存じの方も結構いるかもしれない。その後の大事な詳細は、なぜか報道されない。これほどまでにフィルタリングの加入がうるさいほど奨励されているにもかかわらず、なぜ、多くの人々がフィルタリングを設定しないのか説明しておこう。

多くの青少年がフィルタリングを嫌がる理由は、ずばりSNSを利用したいからである。ツイッターは、フィルタリングソフトを導入すればブロックされてしまう。他の有名SNSも同様である。子供たちにとってメジャーSNSを利用できないようなら、スマホを持つ価値がないと考えられているのである。

どうしてこんな、チグハグが生じるのか。それはフィルタリングされるものとされないものを誰がどう決めているかの仕組みによる。フィルタリングでブロックするかどうかは、警察が決めるわけにもいかず、民間がきめるべきとされ、EMA（モバイルコンテンツ審査運用監視機構）の基準策定委員会が決めている。その委員は現在9名。実は、私はその1人である。

ブラックリストを作っても、相手はそれを回避してくるので、ホワイトリストを作っている。SNSは危険があるため、原則許可されず、EMAに認定を申請して審査を受けて安全性が認定されれば、このホワイトリストに載り、青少年がフィルタリングソフトを導入しても、利用できる。ツイッター社が、EMAに認定の申請をすればよいわけであるが、これをしないのでチグハグが発生している。

なぜ、ツイッター社が、認定申請しないのかは、取材していただくしかないが、課題となっている点を挙げておきたい。ツイッター社を含む大手SNS会社が、申請費用という応分の負担を避けているというのは、おそらく小さい理由だが関連はあると思われる。

次いで、認定可能なほど、ツイッターの内容の監視システムが構築できていないので参加しないことが考えられる。今回のことで初めて自殺願望のツイートへの対応が出てきたように、現状ではEMAが認可できる水準にはない。EMA基準は、自殺関連の表現があれば、チェックする仕組みを作るように定めている。

ただし、SNSがEMA認定を避けている問題は、基準のほう厳しすぎるので、多くのSNSが参加できないということも考えられる。私たちが作っているのだが、確かに、かなり厳しくパトロールする仕組みがないと認可されない。有効な方法を求められれば、生身の人間が監視する必要があるため極めてコストが高い。ここは発想を逆転させて、主なSNSを青少年が利用できるためにEMAの基準を少し緩和してはということは考えられる。このように整理できる。

結局、青少年条例はじめ全ての法令が、奨励や努力目標ばかりで罰則を伴う本格的な法令上の規制が全くないままで良いのであろうかということになる。このような情勢下、2017年7月、SNS業者が集まり、「青少年ネット利用環境整備協議会」（代表・宍戸常寿東京大学大学院教授）が立ち上がった。今後の活動に期待したい。

しかしながら、中国はアメリカのSNSを排除し、ロシアも、データの国外持ち出し禁止を立法化している。日本だけ、国家による規制がなく、アメリカのSNS会社にしたい放題にさせて良いのか疑問に思えるのは私だけであろうか。今回の事件で、未成年だった被害者がフィルタリングソフトを導入していたなら被害に遭っていない。このことは重く受け止めるべきである。

ＡＶ業界とはいかなる業界なのか（上）

２０１８年03月27日

ＡＶを隠した撮影などを禁じ健全化をめざす業界自主ルールが４月から実施

「ＡＶ出演強要」と名付けられた問題と、それについての対応は、他稿で詳しく述べた（『現代ビジネス』２０１７年12月28日、29日）ので本稿では最小限にとどめ、これまで謎に包まれてきたＡＶ業界について、いかなる業界なのか、さらに、その健全化とはなにか、方向性を考察しておきたい。

今回の経緯を簡単に振り返れば、人権団体、内閣府男女共同参画、マスコミ報道、警察の検挙の嵐にあって、ＡＶ業界のうち、合法に営業続けたい人々の中から、メーカーと販売・配信・レンタル企業からなる「ＩＰＰＡ」、プロダクションの連合「ＪＰＧ」、女優の「ＡＶＡＮ」が結束し、ＡＶ業界改革推進有識者委員会が２０１７年４月に創設された。

委員会は、撮影に関して適切になされたという意味での適正ＡＶという枠組みをつくるという基本方針を提示した。私は、その４人の委員のひとりである。この委員会は、10月にＡＶ人権倫理機構として再発足し、業界自主規制ルールを具体化し、２０１８年４月から完全実施という運びである。

その中身は、統一契約書の使用により、ＡＶであることを隠した勧誘の禁止、ＡＶに出演することのリスクの丁寧な説明、ＡＶ女優が最後の瞬間まで出演辞退できるように、撮影準備に要した費用の請求が全くできないようにすること、経済的搾取が起きないように総ギャラと呼ばれる報酬全体の流れを女優に開示すること等を定めた。

さらに、発売後5年以上経過した作品、および、女優のその後の人生に支障がでるなど事情がある場合に、ＡＶ人権倫理機構に申請すれば、ネット配信を止め、女優名でサイト内検索できなくする仕組みを2月末から稼働させている。

実は、この配信停止の希望が強く、その目的で人権団体に駆け込む女優、元女優が多数いると推測されることについては他稿で述べたとおりである。

残された問題が二つある。第一は、適正ＡＶの枠組みに参加している各社の隅々まで、新ルールを守ってもらえるようにすることである。社長が理解しただけでは不十分である。ＪＰＧ、ＩＰＰＡそれぞれの加入者の現場担当者に対する研修を3月に実施中である。

第二は、別のメーカーグループと第二のプロダクショングループの参加が近いうちに実現予定で、フリーランスの女優のグループも枠組みにはいる方向ということで、合法の業者のシェアは9割近くなるのではと予想しているが、まだ参加してこないグループがあり、それらが、非合法の商売をはじめないか、今後の動向が気にかかる。できるだけ包摂していく方針で臨むつもりである。

この業界のむずかしさは、業界の内と外に境界が引けないことにあるが、合法的に働くつもりがない人々も外部の視線からはＡＶ業界と見えている現状がある。非合法にもいろいろあるが、いわゆる無修正ＡＶと呼ばれる、日本で撮影し海外で配信するグループは、日本のＡＶ女優の撮影時に人権侵害を犯す可能性があり、懸念される。残念ながら、この人たちにはアプローチすることができない。

もうひとつの非合法グループは、海賊版の販売である。これは、直接的には女優の人権侵害をしないかのようにみえるが、合法部分で配信停止しても映像を流し続ける問題と、売り上げが大きく、無修正と合わせると、なんと合法ビジネスを上回る売り上げをあげているとも推測されている。自主規制が有効性を持つためには、海賊版に対する厳格な取り締まりが必要である。

それでは、本題にはいって、ＡＶ業界について広い視野から眺めてみよう。

歴史的には、テレビの普及で苦しくなった映画産業が１９７０年代にピンク映画を世に出した後に現れてきたと理解してよいと思う。ピンク映画は、性器を実際に隠したうえで疑似性交した映像を映画館で鑑賞してもらっていたのに対して、ＡＶの特徴は疑似でない性交をし、映像のほうに細工して性器を隠し、ＶＨＳ等で個人に販売されてきた。その始まりは１９８０年代である。

その当時は、出演する女優を見つけるのに苦労したと言われ、強引な説得があったという話も伝わっている。１９８０年代終わりごろには、自分から進んで出演する女性が現れはじめ、深夜テレビにも出演し始めた。商品の原価が安い割に高額で売れるため、大きな儲けがあり、１９９０年代から２０００年代半ばまでが隆盛期であった。この間に、法人化が進み、納税もきっちり行うようになっている。

２００８年の恵比寿マスカッツ結成以降、アイドルとの区別が希薄化し、若い女性がアイドルになりたいということで大勢志願してくる状況になっている。ただし、ほとんどの志願者は断られており、スカウトが連れてくる女性にまだ頼っている。ゼロ年代には、インターネットの動画が普及しはじめ、ＡＶの売り上げは打撃をうけている。ＡＶもネット配信されはじめ、今では、レンタルビデオやＤＶＤ販売を凌ぐ売り上げをあげているが、売り上げ全体が低下している。

当然、苦しくなる業者が出てきて寡占化が進み、メーカー上位４社でシェアの過半を超えると見込まれている。この寡占化は、自主規制の成立の条件で、適正ＡＶの枠組みから外れるプロダクションを締め出すことがプロダクションに対する強制力となる。メーカーに対しては、ネット配信大手とレンタルビデオ大手が商品を扱わなくなることが脅しとなって自主規制に従ってもらうことができる状況にある。

AV業界とはいかなる業界なのか（下）

２０１８年03月29日

登録されたAV女優数は2、000人足らず、年間で24、000タイトル

基本的な状況を知るために２０１７年7月にアンケート調査を実施した。結果は10月に記者発表しているが、枠組みができて新たな参加者も多数加わった状況で18年夏に第2回アンケートを実施すれば、業界の大まかな状況が明らかにできると考えている。

噂ベースだとAV女優の数は5、０００などといわれていたが、現在、我々が全員の名前を登録する仕組みを作った結果、登録女優数は2、０００にも満たない。会社数も、メーカー1、０００社などという噂とは異なりＩＰＰＡと日本映像ソフト制作・販売倫理機構（略称・制販倫、ＪＶＰＳ）を合わせても２４２社、年間制作タイトル数は約２４、０００である。プロダクションも噂では２００社だが、現在加盟手続き中も含めて60数社である。これらでシェアなら9割を占めていると推測している。

業界の人々がどういう人たちかと言えば、多くの人たちの想像からは大きく異なるのではないかと思う。まだ多少ともイメージすることができる芸能界と比較して、それを問題を多くしたというイメージを持たれ

ているとすれば大きな勘違いである。

確かに業務は芸能界と近いどころか写真集など重なる部分もあるが、ある意味反対の性格である。芸能界は、どちらかというと政治的に右派だが、ＡＶ業界は左派である。ピンク映画の後継なのだし、表現の自由を主張する人々が右派のわけはない。もちろん例外も多いし、21世紀にはいってからは政治的には無関心派が多数なのはいずこも同じである。芸能界は派手好き目立ちたがりだが、ＡＶ業界人は、大人しく目立つことを好まない。目立つのは女優だけで業界スタッフは裏方である。

ＡＶプロダクションと芸能プロダクションを比較すれば、報酬が多くもらえること、移籍の自由の制限の厳しさ、どちらをとってもＡＶプロダクションのほうが断然健全である。もっとも、それでもって修正が必要ないわけではないことは当然である。考えてみれば自然なことだが、稼ぐことに一旦成功すれば、人々は安定志向になる。なんとか、この仕事（ＡＶ）を合法的に続けていきたいというのが共通意識であると感じる。

女優ばかりが注目されるが、社会学者として、私は、むしろ周辺の人々に関心がある。購買層は、意識調査でＡＶを良く見ますかといった質問は無理なため特定しにくい。ファン感謝デーなどの参加者層などから推し量ると、さすがに女性はかなりの少数派、男性の年齢と社会階層は、見事にバラついており多様である。

ＡＶ業界のスタッフは、私が見るところ、非常に能力が高い人から低い人までいる。普通の社会人の順行コースをなんらかの支障があって歩めなかった人々のサンクチュアリとなっている可能性があるが、これについては調査できない。

最後に、一般社会の受け止めだが、まずＡＶ自体が女性蔑視であり業界は消滅すべきという熱心な批判グループがある。このグループはフェミニズムの一部と見られる、あるいは名乗っている。彼女たちはＡＶに詳しくないように思われる。男と女が一緒に出てこない作品が、どれほど多いか、系統的に調べると驚かされる。売春や風俗における常識であるが、「正常」とされる行為ではない特殊な行為が、妻や恋人相手に不可能なために求められることがしばしばある。映像であるＡＶは、なおさら現実にできない特殊な性癖が求められている。特殊な性癖に特化した作品を買う恥ずかしさが問題となるため、性癖を隠すために、男女の行為が作品の最後に、まるでアリバイ作りのように付加されており、この部分は視聴されていない可能性すらある。

むろん、女優の魅力だけで勝負する軽い作品もあるが、清楚系でデビュー後、順番に「変わったこと」をやらされるのがＡＶ女優の普通のコースである。

ＡＶ業界を強く擁護するのも、女性である。出演女優自身も含めて、男女平等の方向として、女性も自由に性を楽しむという方向性を持った人々である。こちらもフェミニストと呼べると私は考えている。傾向としては、このタイプの女性が社会内で多数派になりそうだと予測しているが、実際にＡＶにコミットする人は極めて少数である。良くも悪くも男性一般は、強い関心を示さないのが大勢である。

最後に、視野を広げて海外の様子を見ておこう。私が長年暮らしたフランスでは、１９８１年に社会党政権が誕生するまで、写真の局部を黒く塗って隠していたりしたが、１９８０年代に「解禁」となり、パリのそこかしこにポルノ映画館ができた。ところが、ほどなく、これらは一つを残して全滅し、その後その一つも消滅した。フランスのＡＶにあたるメーカーは現在数えるほどで、ほぼ壊滅状態である。

この「ＡＶ撲滅」の理由は、禁止されたおかげではない。日本でも有名になった映画「エマニュエル夫人」

が1974年に公開されると、女性の間で大ブームとなり、続編のヒロインを一般募集したところ500人の応募があったという、俗にエマニュエル現象と呼ばれるブームが起きた。三部作まで続いた、このシリーズはフランス女性に強く支持された。女性が性を積極的に楽しむというベクトルが鍵になったと分析されている。

1980年代になると、それまでタブーであった同性愛をテーマにした映画が立て続けに公開され、一般向け映画が性表現を思い切りできる状況になった。むろんこれらの映画は、日本公開時は「編集」されてしまう。内容が大味なポルノ映画は、その質において、これらの映画に太刀打ちできないのであるが、それで簡単に淘汰されるわけではない。人間とは、低俗なものを欲する面も持っているのであろう。

実は、ケーブルテレビのCANAL+が、深夜限定だが成人指定のポルノ映画を放映し、見たい人は簡単に見ることができるようになった。その結果、ポルノ映画館は全滅したわけである。パリのSEXショップには、アメリカ製やドイツ製のDVDが多く販売されている。

ドイツは、特殊な性癖の映像に対して最も寛容である。2002年には、売春婦を酷い境遇から守るために、あえて売春を合法化している。非合法の売春組織に雇用されるのと、合法組織に雇用される場合を比較しての合理的判断である。あたりまえのことだが、経験的データに基づいた合理的判断が政策に生かされていると評価できる。アンゲラ・メルケル率いるドイツは、一般的にみても、今世界で唯一まともな政府が統治している国という印象がするが、この分野でもそれが確認できる。

こうしてみると結論はおのずと見えてくる。見たくない人が強制的に見せられない権利に留意し、AVに対して抑制のきいた規制を維持することでよいように思う。

疑わしきは被告人の有利に——最高裁は再審無罪を

2018年07月11日

袴田巌さんの再審を取り消した東京高裁、何十年もたってからの新証拠はほぼ不可能

袴田巌さんの再審開始を認めない東京高裁の決定が2018年6月11日になされた。この件は、なんと50年以上も前の1966年の一家4人殺害事件の犯人とされ死刑囚である袴田巌さんに、2014年3月に静岡地裁が決定していた再審開始を取り消すものである。ただし、袴田さんは死刑囚として収監されず、死刑の執行と拘禁の停止は続けるという。

このニュースを聞いて、私は正直驚いた。再審開始は覆らないと見ていたからである。しかし、思い当たるふしはある。今回の高裁の決定について、考えられることを整理し評価したい。

高裁決定の第一の特徴は、一見、矛盾を含んだ内容であることである。もし袴田さんが真犯人なら、収監しないのはおかしいし、真犯人でなければ、再審開始しないのはおかしい。このことに裁判官が気づいていないはずはない。私の解釈は簡単で、この一見した矛盾は、袴田さんが確かに真犯人であることも、確かに真犯人でないことも、どちらでもないことを意味すると捉える。

真実はひとつだとしても、裁判における事実認定には限界がある。真実がわからない事件があるのは当然である。なぜ、私が、この事件がそうだと捉えるのか、別の角度からも見ておこう。

スコープを引いて再審事件全体を眺めると、興味深いことが見えてくる。再審と言えば、死刑冤罪4例がまず想起される。1948年の免田事件が1983年に再審無罪確定、1950年の財田川事件が1984年、1955年の松山事件が1984年、1954年の島田事件が1989年と続いた。ここで当然、もたげてくる疑問は、死刑でない事件にも冤罪はあるのではないかということである。

実際、無期刑について、1990年の足利事件が2010年、1967年の布川事件が2011年にそれぞれ再審無罪確定した。死刑事件を優先し、その後に無期の冤罪事件に対応したとの解釈が可能である。ところが、これら6事件には、注目すべき特徴がある。それは判決文で「犯人でないことは誰の目にも明らか」とまで言われたように、全員、犯人でないことが証明されている。つまり無実の死刑囚や無期刑囚を救えということだったわけである。

このことを前提にすれば、次の疑問は、真犯人であることには疑いがあるが、犯人の可能性もあるケースについて、次に対応する順番が来ているのではないかというものである。「疑わしきは被告人に有利に」という大原則に基づけば、このような場合も再審無罪判決が下されるべきである。ところが、該当事件は一つもない。これは何を意味するであろうか。

検事も裁判官も、一件一件の事件の証拠を一つずつ丁寧に吟味し、大ざっぱな勘などに頼らない訓練をされている。彼らに言わせれば、偶然に、犯人性が疑わしいことが明らかになった事例はひとつもなかったから、その種の再審がなされたことがないということなのであろう。

しかし、統計的な視点からは、このようなことは起こりえない。もっとも、統計と言えば、日本の刑事裁判の有罪確率は99・9%を超えている。再審に注目するまでもなく、日本の刑事裁判は欺瞞に満ちている。海外の研究者に、日本の刑事機関は優秀で、犯人でない人は絶対と言ってよいほど起訴しませんと言えば失笑を買うだけであろう。

欧米先進国の無罪率は、大ざっぱに10%から30%である。検事と裁判官には、裸の王様という形容が最も適合する。見る人が見れば、恥ずかしいばかりである。むろんここには、無謬性を信仰したい国民の問題も根深いし、起訴段階で社会的制裁を受けてしまうため、後から無罪判決がでてもどうしようもない現状も問題である。ただし、ここではその点は論じない。

結論を急ぎすぎてはいけない。細かいところを吟味しておこう。日本の死刑制度は、運用を観察すれば4審制と言われる。最高裁判決による確定後に、死刑執行を起案する法務省刑事局総務課長の吟味があるからである。実際、数ある死刑囚のなかの誰をいつ執行するかは、ここで決められている。

大臣が署名することは有名だが、署名する文書は総務課長が作成する。大役を終えた総務課長は、何年後かに検事総長となることが多い。死刑の結論に微妙な疑義があれば、執行は後回しとなる。

なお、アメリカは、この執行前の吟味は法的義務であり、1執行あたり3億円の費用をかけている。袴田さんが50年も執行されなかったことは、死刑の結論になんらかの疑義があり、歴代の総務課長の誰もが執行対象に選ばなかったと理解してよい。この部分に異論を唱える人は滅多にいないと思う。

それでは、疑義があるのになぜ、再審決定がされずに来たのか。これには技術的な問題がある。思い返せば、やはり疑義が残るから再審とはいかない。再審開始の要件が法的に定められており、心残りとか、やははり違うとかいう理由でやり直しはきかない。一旦決めたことは変えないのが裁判である。刑事訴訟法435条以降で、原判決の証拠の偽造、変造、証言、鑑定、通訳が虚偽、あるいは、刑の言い渡しを受けた者の刑が軽くなったり免除されるべき新たな証拠の発見があればできるなどと厳密に規定している。

何十年も時がたってから新証拠を見つけることはほぼ不可能であり、当時の証拠の再鑑定も資料の保存の観点から信用性の高いものを獲得することは困難である。でも、それなら、袴田さんが死刑囚として獄死するにまかせるのか。どうしよう。というのが地裁での再審決定の前の状況であった。

高裁決定は、地裁における弁護側の本田（克也・筑波大教授）鑑定をこっぴどく批判しているが、私も、本田鑑定に信用性があるとは考えない。部分論としては、むしろ、それは正しいのであろう。

しかし、皮肉を込めて指摘させてもらえば、真犯人と確信しているから物証が怪しげでも信用性があるとして有罪判決を出す運用を認めてきた裁判所が、本田鑑定にだけ厳しく審査するのは司法のセンスとして疑問である。原判決の証拠の怪しさにこそ厳しい目を向けなければ、刑事司法の「疑わしきは被告人に有利に」の原則がないがしろにされているとの批判は免れない。

ここまでの議論から、裁判官の心情を勝手に想像させてもらえば、こんな不確かな鑑定で再審決定は認められない、一方で、真犯人であるという確信もないので、再審の取消はするが収監しないという結論になったように思われる。

ところが、これで決定版ではなく、まだ別の解釈と論点があると私は考えている。以下に示そう。地裁の再審決定が下ったさい、その厳しい原審批判などから、これは再審無罪に繋がると思ってしまったが、それは読みが甘かった。

袴田さんが、ついに釈放されたとき、体調はかなり悪かった。死刑囚のまま獄死するのを防ごうという意思が基本にあったとすれば、別のシナリオが予定されていた可能性がある。それは、再審無罪の希望を持たせて釈放し、多少とも袴田さんに対する償いとする一方で、その途上で袴田さんがお亡くなりになれば、再審無罪判決を回避するシナリオである。

スポーツにおいても時間を稼ぎ引き分けに持ち込んで敗戦をとにかく防ぐ戦略がある。それと同じである。なぜ、私が、このような論点を持ち出したかの理由は、高齢で死刑囚で、急がなければならない事例の典型であるにもかかわらず、高裁決定に4年もかけているからである。

本田鑑定をめぐって厳密な審理を開始した時点で、人権意識という観点からは、強い非難を免れない。そのうえで、袴田さんがお元気であるため、予定変更で、再審の取り消しはするが収監しない「引き分け」という結論にいたったとすれば、これは、ひどい話である。

第一ステップ、死刑冤罪再審無罪、第二ステップ、無期冤罪再審無罪、そして、今度は「疑わしきは被告人の有利に」という原則を本当に守って、再審無罪というステップが、最後のところでストップしてしまった。

最高裁には、大局的な観点から、大急ぎで再審開始を決め、再審無罪判決に導く英断を期待する。

そして、マスコミにも、袴田さんの事件を、これまでの冤罪の再審と意義が大きく異なることを理解し、無罪判決が無実でないこと、無罪判決がでたことで警察、検察を非難するパターンを卒業してほしい。

重大事件でも真犯人が不明の事はあり、重要な被疑者がいてさえ無罪判決を出すほかないという原則は正しい。刑事制度に過度な期待をせずに結論を受け入れる、心情的なタフさを国民が身に着ける方向を目指すべきと、私は考える。

報道など二つの点で特異だったオウム7人死刑執行

２０１８年07月13日

現代社会に生まれる宗教に対応しかねている司法

２０１８年7月6日、オウム真理教がからむ一連の事件によって死刑確定していた13人の死刑囚のうち7名の死刑が執行された。死刑についての私見はさまざまな媒体ですでに披露しているので今回は割愛させていただき、死刑制度と犯罪実態に詳しい一研究者として、議論の一助になることを願って、他の事件との違いを指摘しておきたい。

執行制度の観点からは、今回は、全く異例な点がひとつある。共犯の死刑囚は原則同時に執行されることから、人数が一度に7名であることは珍しいが、これは原理上の問題ではない。事件から20年以上たっているのは、共犯事件の確定が遅れたためであり、２０１８年1月確定であるから、その後は速やかに執行されたと言ってよいであろう。

平成の内に執行し、新元号に移るさいの恩赦の対象から外したかったので急いだという見方もあるようだが、死刑囚の恩赦ができるようには思えない。

今回異例であったのは報道である。ここ何十年の慣例では、法務省は、死刑執行があったことだけ、執行直後に報道機関に密かに伝え、そこからヨーイドンで各報道機関が全国7カ所の死刑執行場のある刑事施設に取材して、誰が処刑されたか明らかになるパターンであった。

今回は、麻原執行のテロップがテレビでながれ、第2陣の被執行者については、まるで実況中継であった。その報道の手回しの良さから、官邸が主導かどうかは不明であるが、少なくとも官邸レベルも承知のうえで準備が進んでいたことがうかがい知れる。

上川陽子法務大臣の「慎重のうえに……」の談話を聞かされるほどに、かえって慎重さを欠いた運用という印象を抱かせられた。残りの6人の死刑囚も何カ月後かに執行されるであろうことが予測される。私の印象では、後回しの6人は、麻原執行の報を耳にしても動じない者が選択されているだけで、別扱いになるとは思えない。

第二の特異性は事件自体の特殊性から来る。麻原本人はともかく、信者だった残りの死刑囚については、マインドコントロールを受けた状態でもあり、彼らの行為の全責任を負わせられるのか疑問という見解がある。そのような見識から、信者の死刑執行には反対という意見がいくつか表明されている。

そのなかには滝本太郎弁護士はじめ、オウム真理教について詳しい者が多く含まれている。信者の死刑囚の犯行を、いかなる国の死刑執行官も殺人罪を問われないことと対比するのは乱暴すぎるとしても、主犯扱いは、オウム真理教教団という組織を知らなさすぎる判断のように、私には、思われる。

もう少し踏み込んで論じておこう。オウム真理教は宗教カルトであり、その組織の在り方は、彼らのオリジナルではない。修行法などは、麻原のオリジナリティが豊富な、ある意味大したもので、いまだに信者が

1、600人を超えるほどの威力を持つ。その意味では、実は宗教集団でもある。
しかし、寄付を集めたり周辺の活動で資金を集めるやり方は、マルチ商法などで知られた完璧に洗練されたカルトの手法である。オウム真理教に出入りし、そのノウハウを教えた者たちがいないと考えることはできない、と私は考えている。その者たちこそ、実質的には本当の犯罪者と呼ぶべき者たちであり、その誰一人逮捕できなかったのではないかというのが私の推察である。

犯罪一般において、不慣れな間抜けな犯罪者は容易に逮捕され刑罰をかされる一方で、手練れの犯罪者は、検挙しがたいものである。信者の死刑囚はやったことは重大であったが、憐れな罪びと以上の何者でもなく死刑相当とは考えられない。

以上が、今回の死刑執行の特異性である。少なくとも麻原以外の死刑囚の執行は控えてほしかった。

最後に一点付言したいことがある。「オウム事件真相究明の会」が、麻原の死刑に反対し「真相究明」を求めていたが、この動きにたいしては、江川紹子氏の批判が的を射ている。公判を傍聴し続けた彼女の、十分な取材に基づく議論は拝聴に値する。私が付け加えたいことは、法務省なりに「真相究明」は大切にしていないはずはなく、サリンの製造については、中川智正を専門家と時間を置いて何度も面談させ、ほぼ解明しているなどの努力はしていることである。

これは私がアンソニー・トゥー氏から話を聞いた感触以上の根拠はないが、麻原についても、松本智津夫として、東京拘置所での様子は丁寧に記録されているようである。いつか研究に使える日が来ることを祈っている。肝心の宗教という部分に司法が対応しかねていることは、残念なのだが、これは法務省に期待することではなく、現代社会に生まれる宗教をどう受け止めるかという社会全体と自分自身の問題に立ち返る他ないと考えている。

ゴーン氏の行為は犯罪的、検察は正義感を重視か

２０１８年12月12日

「多くの社員を切り捨てた社長が年収何十億円」は許されるか、自白偏重のフランス司法

多くの社員を切り捨てた社長が年収何十億円という行為は、法律がどうであるかにかかわらず許されないという正義感を無視できますか。カルロス・ゴーン氏自身が、この正義感を無視できないからごまかしたのではありませんか――

日産自動車のゴーン氏が、有価証券報告書に報酬を過少申告したとして金融商品取引法違反で、２０１８年11月19日に特捜に逮捕され、12月10日起訴された。日産からの年間報酬額を約20億円とすべきところを10億円弱と毎年偽り、２０１０年から２０１４年の5年間で累積数十億円の過少申告したという容疑である。

ところが一方、ゴーン氏は、20年前に危機にあった日産を救った人物として高い評価もある。総体としてゴーン氏のことをどう受け止めたらよいのか論じたい。また、グローバル化が進む世界における刑事司法のあり方という観点についても分析したい。

ゴーン氏の報酬といえば、ルノー社の報酬と三菱自動車の報酬の合計が年間10億円を超えている。2009年の時効で不起訴の10億円の過少申告、豪邸の提供、親族優遇などは、事実関係が十分明らかではないのでひとまず置くとして、年間30億円どころでない所得収入があることは間違いない。

他方で、日産を救ったというのは、法人を救ったのであって、それによって日産社員を救ったわけではない。それどころか、厳しいリストラによって、関連会社も含めれば、職を失い、収入が減った人々が多数でている。これについては、ゴーン氏一人の問題ではなく、派遣労働者や外国人労働者を、恐るべき低賃金にして企業トップが巨額の報酬を得ることがまかりとおっている。

社員を豊かにし自分も高収入ならともかく、ゴーン氏の行為が道徳的に悪であることは明白であるように思う。もちろん、皆が同じ給料なら良い社会とはいかないところは当然であり、その点については後ほど述べたい。

話を戻して、この悪行は、経済学者ならアダム・スミスを想起させられ、道徳なしの経済活動の問題ということになるであろう。法学者からすれば、実質判断としてゴーン氏の行為は犯罪的ということであり、あとはどの形式に当てはめて犯罪として追及するかである。

「高給は当然」という意見への驚き

一般論としては、形式は法技術であり、実質判断こそがむずかしい。今回のケースは、実質判断は簡単で、何罪に問うかという法技術がむずかしい。何罪にどう問うかについては意見百出しているようだが、そのなかに、虚偽記載は形式犯に過ぎないというものがあることに驚かされた。

実質的にゴーン氏の行いが犯罪的であることは明白と考えるが、グローバルスタンダードでは、これぐらいの高給は当然だとか、臆面もなく堂々と述べている人たちがいる。その人たちの勢いが強いことは事実として、私も承知している。しかし、タックスヘイブンの繁栄などを見るにつけ、その類の稼いでいる人たちは賊以外の何者でもないとしか見えない。

このような状況を鑑みるに、私が想起するのは大げさでなくフランス革命である。当時、王様や貴族が大金持ちで贅沢するのは当たり前だと言っていた人々と、これらの現代資産家の人々は重ね合わすことができる。確かに、当時の制度では、王様も貴族も認められていた。現在、企業家が巨額報酬を得ることが合法であるのと全く同じようにである。経済的不平等に怒るパリ市民のデモが向かうのは、今回はバスティーユ牢獄ではないであろう。日本には革命は起きないとしても、血盟団事件の歴史も忘れてはならない。

現在の大金持ちを生む仕組みは、グローバル化などということでカムフラージュされることもあるが、アメリカ流に他ならず、世界の資産家ランキングを見れば、ひとりで中進国の国家予算ぐらい保持する人たちがいる。しかも、その顔ぶれを見れば、そもそも公正な競争で稼いだ人たちではない、と私には思われる。

現在の経済格差は、同一国内でも中世身分制時代より酷いのではないか。そこを是正する制度ができるどころか、金持ちは政治家に献金し、政治家を使って法律を自分たちのために有利になるように変えている。わかりやすいのはカジノで、賭博であり本来犯罪であることを、うまい理屈で合法として稼ぐ、つまり犯罪を合法化して稼ぐのが今のはやりである。このまま政治が、処方箋を見つけられずにいるなら、何らかの不測の事態が起きてしまうと予想する。もはや細かい法律解釈論をやっている場合なのか、疑問なぐらいである。

もっとも、億を超える報酬を得た役員について報告するように求めた金融商品取引法の改正趣旨が、法外な高報酬の抑制だったのなら、今回のケースは簡単である。やめてからの10億円は確定していないなどは詭弁で、後からもらえる報酬をその年に可能性としても獲得したのなら記載義務は明らかであろう。

殺人や窃盗のような罪種に対しては、疑わしきは罰せずの原則が当然だが、脱税関連と同じく、この種の事件ではグレーゾーンは黒と考えるべきである。20億円の報酬を10億円以下に見せたかったから手の込んだ細工をしたことは明白であろう。

人質司法の日本も問題だが、冤罪率が高いフランス

話を、刑事司法とグローバル化のほうに移そう。私は、パリ第2大学大学院で法社会学を学んだ。そのさいに、法律だけでなく、捜査と取調べの実態について学んでいる。日本の研究者は、欧米の司法には人権意識があり、日本の刑事司法は遅れているかのような発言が多いが、これは、海外の良い点を学んで日本に持ち帰る伝統ゆえであって、海外の実態をそのまま伝えることを断念した結果である。グローバル化が進む現在、こういった方針はきっぱりやめて、海外の実態を正確に認識した上での考察が不可欠である。

フランスの刑事法の書籍に掲載されているのは、法規範、すなわち理想論であって実態は別である。フランスは死刑を廃止した人権意識の高い国であると言うが、実態は、逮捕時に多数の被疑者を射殺しており、その被疑者の中には、無実の関係ない市民さえ含まれる。この間違って一般市民を張り込み現場で射殺してしまうことにはババビュール（よだれ）という名前がついているほど、当たり前にある事件である。

冤罪率は、数字で確認できないが日本の10倍か100倍であろう。犯罪発生率も桁違いに日本が低い。い

ずれにせよ、囚人が300万人いて死刑を執行された者の1割が冤罪という推定があるアメリカは別格としても、刑事政策については、欧米諸国こそ、日本を手本にすべきである。

取調べに話を戻せば、フランスでは警察等が身柄拘束すれば、24時間以内に必ず予審判事に知らせることが義務付けられているため、時間が限定されていて被疑者の人権が守れるようになっている、と教科書に出ている。ものは言いようである。実態は、身柄をとって24時間以内は、警察が、どこにも報告せずに自分たちだけで好きなようにできる「警察のお時間」として知られている。私が紹介した有名な冤罪事件「セリーヌちゃん事件」では、たった9時間締め上げただけで自白したから、てっきり真犯人だと思った、と取調官は述べている。

フランスには予審があるため刑事手続きの構造が全く異なるので簡潔に説明するのは困難であるが、革命期の理想で、抽象的で理想的な法律を作ったが、実務はそのあいまいさを盾に、相変わらずの自白偏重の取調べを続け、立法府と破棄院（最高裁）は、それを認める制度改革をし続けてきたのが歴史である。手続規制を無効にするウルトラCは、警察と検察による任意調べである。任意であるから何の規制もなく、そこで得られた自白調書が有効という判例が出ているのだから話にならない。取調べには必ず弁護士がつくというのは、絵に描いた餅である。

自白偏重については、フランス語では、自白とカトリックの神父に対する告白が同じ単語であることを知れば、現場が、それ自体を目的として自白を得ようとする文化の根深さが理解できるであろう。フランスでは、未だに、現地の言葉で言えば「自白は証拠の王様」のままである。私の留学時に遡れば、取調べでの殴る蹴るは、珍しくなかった。

あまりにも誤解が多いので、フランスの酷い実態を示したが、これでもって日本の刑事司法がそのままでよいという結論にならないことは当然である。いわゆる人質司法と言われる、日本の運用は、やはり問題である。念のために付言しておく。

ここまでのフランス刑事司法の描写は、一般的な犯罪取調べについてであって、ゴーン氏のような社会的地位のある人物の場合は異なる。日本では、どんな立派であった人物でも、一切の容赦なしの平等な扱いであるが、フランスでは、手錠もかけないし、丁寧に扱われる。そこに関しては、ゴーン氏も戸惑っているであろう。ただし、この点の善悪の判断は、むずかしいと思う。

人の存在の総体で判断してきた検察

ここで宿題の、報酬が平等なほどよいというわけではないという点について述べておきたい。共産主義に資本主義が勝利したという文脈で、報酬に差がないことの欠点をあげることは確かに可能である。

しかし、私が注目するのは、報酬ではなく、金融資産を使う方である。使うことこそ、本来の目的であり、稼ぐことはその手段でしかないはずである。

使うことと言えば、人類学者には、周知のポトラッチこそが人間社会の基本であろう。沢山使う人ほど尊敬される社会モデルである。そういえば、本家のアメリカ流では、大金を稼いだ人は、大きな寄付をしている。日本の旧財閥もしかりである。ゴーン氏に欠けていたのは、この点ではないのか。

検察は、これまでの前例どおりなら、ゴーン氏逮捕を決断するにあたって、おそらく最高検会議室で、捜査をしてきた主任特捜検事、特捜部長、副部長、東京地検検事正、同次席、東京高検検事長、検事総長など、検察の中心メンバーが集まり会議を開催しているはずである。そこでは、法律論、証拠の吟味もされるが、ゴーン氏逮捕が、社会的に意義があるかどうかを吟味しているはずである。

その場で、もし、誰かが「実は、ゴーン氏は、社会のために、ある方面で多大な貢献（寄付でなくてもよい）をしている」として反対していたならば、逮捕は回避された可能性がある。この手続きは法には何も書かれていないが、日本の検察の胆である。ここで行われる実質判断は、たとえば大物政治家なら、その人の行為ではなく、その人の存在の総体を対象にしてきた。これは欧米の刑法の原則、行為単位で考え、人は裁かないことの真逆である。

私は、少なからず検察の幹部と面識があるが、そこからの感触として、その会議でなされた検察の判断において、本稿の冒頭に書いた「多くの社員を切り捨てた社長が年収何十億円という行為は、法律がどうであるかにかかわらず許されないという正義感」を重視したであろうと想像する。

寄付は、社長を引退してからでもよいのだが、そういうことは期待できないという判断であったのであろう。実際、ゴーン氏は、引退してからも稼ぐことを画策していたようである。

最後に、まだ新自由主義を擁護する人に、一言しておきたい。働いただけ稼げることは正しく、大儲けすることも可能にしておいてよいだろう。しかし、本当に個人主義者で自己責任を基礎とする社会を目指すなら、遺産相続は、現在免税される範囲ぐらいに限定し、残りは全て国庫か寄付ということでなければおかしいのではないか。

私の父と叔父達は、祖父の遺産の金融資産を、篠山市（丹波篠山市）に寄付し市庁舎の塀となっている。私と、兄弟たちも、父の遺産の金融資産を財源に河合隼雄財団を作って小説と学術書にそれぞれ賞を出している。ここにおいても寄付したことが大切なのではなく、お金を使っていることが大切なのである。多く稼いだ人が使うことが、今、最も大切であり、社会のモデルとなるべきであると考える。
稼ぐ話一辺倒の新自由主義は、思想とは言えず、ただのインチキなのではないか。

【参考文献】

アントワーヌ・ガラポン『司法が活躍する民主主義―司法介入の急増とフランス国家のゆくえ』河合幹雄訳、訳者解説付き、2002年、勁草書房

佐藤美樹「フランスの任意捜査」金沢法学、51（1）、1-12（2008-11-30）https://www.lepoint.fr/societe/justice-pourquoi-veut-on-faire-AVouer-les-criminels-04-10-2016-2073335_23.php

ゴーン被告の長期勾留と世界のスタンダード

２０１９年02月19日

逮捕から3カ月、日本は取調べが厳しいが身柄拘束者数は少ない

日産自動車の前会長カルロス・ゴーン被告の保釈が認められず、長期の勾留が続いている。それに対して「証拠隠滅のおそれがある以上致し方ない」という擁護論がある一方、「国際スタンダードから著しく遅れた司法制度」といったような批判も聞こえてくる。どのように考えるべきか整理してみたい。

明治維新以降、遅れている日本が西洋に追い付くイメージが、多くの知識人には刷り込まれてきた。そして、実際に多くの立法が、その必要性の説明として、西洋に追い付くことを理由としてあげてきた。欧化政策による日本の伝統の破壊は、当然、それに対する反発を免れず、第二次世界大戦の際には鬼畜米英とまで言われたように極端なナショナリズムが吹き荒れた。

しかし、第二次世界大戦で敗北したことによって、やはり、日本はまだ遅れているという感覚は復活継続し、戦後の「奇跡の復興」を果たした後も、それは続いた。１９６７年の川島武宜の『日本人の法意識』は、「本当の西洋化」は少しも果たせていないことを指摘し、知識人の間に大きな共感を得た。その後、21世紀に

入ったが、相変わらず、日本は遅れている式の言説が無反省にあたりまえのように語られてしまっている。これで良いのであろうか。

なんとなく流されずに、現時点での日本の方針、戦略を、今、問わねばならない。そしてそのためには世界の正しい現状認識が前提となる。西洋が世界を支配していった植民地化の時代には、西洋列強に日本が支配されないこと、具体的には不平等条約の解消が目標であった。だから、列強に追い付けであったのである。

しかるに現在の問題は、交通、通信の発達により、人と情報の国境を越えた行き来が盛んになるというグローバル化が問題である。そこでは世界共通のグローバルスタンダードが、より必要になってきている。日本の戦略として最良の選択肢は、ビデオやテレビの規格などで起きたように、日本の仕組みを世界のスタンダードにすることである。少なくとも、なんでもかでも欧米が基準で追い付け追い越せは、今や捨て去るべき方針である。

日本の犯罪処遇の問題点は死刑制度と被疑者取調べ

総論はこれぐらいにして、刑事司法について、日本のやり方が世界スタンダードたりえるほどのものかを検討しなければならない。「外国を知らない者は日本を知らない」という言葉があるが、多くの論者は、日本の制度と実態しか知らないで議論しているように思う。人質司法が欠点だという意見は、日本の刑事司法だけを見ていると、全く正解である。

確かに、人権の観点から、人質司法と死刑の二つが、人権上、最も顕著な問題点である。しかし、海外を見れば、たとえばフランスでは逃げていく犯人を射殺（正当防衛を官憲は主張したが、司法解剖の結果銃弾は背中から入っていた)、それを知った付近に住む郊外在住住民による暴動といった有り様である。それに、死刑を廃止したのは、高い人権意識ゆえというより、冤罪であったのに死刑執行された者が多数にのぼるからである。

日本人は死刑制度を支持しているると信じられているが、死刑の是非を語るときに、多くの人は死刑囚が真犯人であることを前提にしているからに過ぎない。冤罪があるのを前提にする条件で意識調査したところ、日本国民の圧倒的多数は死刑執行を一時停止すべきと答えている。

人質司法については、人口比で身柄拘束されている人数を比較すればよい。米国の300万人以上は別格としても、欧州先進国の数字は、日本の倍のオーダーである。被疑者段階のみを見ないで身柄拘束を大きく捉えれば、日本が最も控えめであることがわかる。さらに、犯罪発生率の低さなども考慮すれば、日本の刑事政策全体は、世界で最も成功しているとしか言いようがない。

ただし話はもう少し複雑で、日本のこの領域での成功は、民間の活躍のおかげであり、欧米で言うところの刑事政策よりも、ずっと広く社会を捉え、犯罪に強い社会の形成に成功していると言うべきである。残念なのは、日本社会のどの部分が、犯罪に強い社会の胆《きも》なのかうまく説明できず、世界スタンダードとして提案するに至らないことである。

もう少し理解を深めるために、刑罰と犯罪防止の関係について述べておこう。特殊な例外を除けば、世界には、刑罰が重くて犯罪が多発する社会と、刑罰が軽くて犯罪が少ない社会しかなく、この二択なら、後者を取るべきことは、エビデンスベースドに考える理性的な人間には明らかである。しかしながら、どの国も歴史を引きずっており、スタート時点が同一ではない。欧米先進国で、単純に刑罰を軽くすれば、治安が良くなるとはいかない。

欧米の犯罪学者の共通認識は、刑罰を軽くする刑事政策が理想だが、実践は困難というものである。しかるに、日本は刑罰が極めて軽く、治安が極めて良い理想そのもので世界の先頭を走っていると言いたいが、良く観察すれば、日本の犯罪処遇には2点、極めて厳しい部分がある。それこそが、死刑の存続と、被疑者取調べの恐るべき厳しさなのである。

まとめると、身柄拘束されている人員比率が極めて低く、かつ犯罪発生率が極めて低いということから、日本の刑事政策全体は、他の先進国の追随を許さない優秀なものであることは否定のしようがない。ただ、そのやり方は、全てにおいて一点の曇りもないわけではなく、被疑者取調べと死刑執行の2点については問題があるということになる。日本の欠点だけ見て、世界から遅れているなどの議論は、全く間違いである。

欧米の良いとこどりの制度はやめた方がいい

日本の問題点の解消について一言しておきたい。死刑については別稿で述べているので、被疑者の取調べに絞りたい。いわゆる人質司法のマイナス面については、すでに多くの指摘がされており、言い尽くされていると思う。その議論にはおおむね同意する。

いわゆる人権派の議論のおかしいところは、人質司法のプラス面に言及しないことである。マイナスとプラスを並べて論じなければ、そもそも議論にならない。もっとも、刑事司法の実務を担う側も、どこがプラスなのか説明できていない。プラス面は、ずばり冤罪の少なさである。やっていないのに自白させる冤罪の温床という指摘がされるが、冤罪事件の原因であることは確かである。

しかし、諸外国と比較すれば冤罪は極めて少ない。その理由の説明も証明も簡単ではないが、簡単に言えば、地域内の状況を私的生活も含めて詳しく知っている地元の民間人材が捜査を助けていたからと私は考えている。そのような人材が少なくなってきたことによって、警察の捜査は困難になってきており、仕方なく防犯カメラなどの物的証拠に頼る捜査に移行しつつある。これが現状である。

要するに、これまでの悪いところも良いところも同時に失いつつある。欧米に追い付け、をやっているわけではない。今後捜査方法をどうすべきか、なかなかむずかしく、世界スタンダードとして名乗るに十分な普遍的な制度としての提案はできないと、私は評価している。

グローバルな視点を持つことが大切とすれば、日本のことだけ考えて、良いとこどりした海外の議論や制度を持ってくるのはそろそろやめたほうが良い。世界全体を眺めてみれば、欧米人の、エスノセントリズム（自民族中心主義）が強すぎるのを改める方向が時宜にかなっているように思う。鯨を最も多数殺しておきながら、鯨の保護を訴え、最も肉食なのに動物愛護を唱えるのと同様に、最も多数の人間を殺し、人権擁護を唱えるのが欧米の特徴である。内部に矛盾を含んでいることは非難に値することではないが、欧米の人権派は、非西洋諸国を下に見る傾向が強く辟易する。

欧米諸先進国の刑事手続きの昨今の実態を一言でいえば、「普通」の刑事事件では、彼らの誇る人権を重視した適正手続きを大切にする一方、対テロ等は別の手続きとして、拷問まで許容するほど人権無視の捜査手続きを実行している。自己正当化のアートとしては見事なのかもしれないが、本来的な人権の意義を彼ら自身が忘れているとしか思えない。とても手本にできる状況にはない。

日本では、人権について無視と無理解な人々と、それを無条件に受け入れる人々に分かれてしまっている。

どちらの側の論者も、欧米が生んだ人権論の胆を十分理解できていないように思う。胆は、自分あるいは自分たちにとって、最も嫌いで忌むべき人間にも、最低限の尊厳を認めることにある。これは異民族や、別の宗教、宗教がピンとこない人には、別の道徳規範を持つ人々と付き合う際に重要になってくる。

日本の刑事司法における、最大の人権侵害問題は、入国管理局などが扱う不法入国者、来日外国人に対する処遇であると、私は見ている。

ほぼ一般論になってしまった。ゴーン氏に話を戻せば、彼は不当に扱われる来日外国人などではない。すでに述べたように、実定法解釈を超えて、自然法に頼ってでも、実刑に処すべき事例であろう。歴史が示すように、過度の貧富の差を放置すれば、暴動、暗殺といった実力行使を誘発するのは見えている。

報道されていることが事実ならという留保はつけておくが、犯罪学者として見るならば、金融商品での大損から全てが始まっているというところから、ゴーン氏のケースは、典型的な犯罪者の行動パターンに見えてしまう。

性犯罪無罪判決、本当の問題点は何か

2019年05月15日

司法関係者の犯罪者と被害者に対する洞察力の欠如こそ問題だ

性犯罪に対する無罪判決が相次いでいると報道されている。しかし、最新の司法統計年報によれば、平成29年、一年間で「わいせつ、強制性交等および重婚の罪」の通常第一審事件の結果は、有罪1、308件、無罪7件、有罪確率は99％を軽く超えている（第33表、44頁）。報道も、それに対するコメントもあまりにもいい加減との印象を禁じ得ない。百歩譲って、性被害女性のためになるかどうかという観点で発言されているから許容するという立場からも、実は、全く誤った議論がなされてしまっている。まず、刑事司法制度に対する誤解を解くとともに、本当の問題点、改革すべき点を示したい。

ネットの書き込みや週刊誌上で裁判官への非難がなされていることには少しも驚かない。私も法学を学ぶ前は同じ反応をしていたであろう。しかし、「有識者」の中にも同様の発言があり、取材したうえで記者が書いてデスクがチェックしているはずの新聞紙上にまで、それがみられることは残念なことである。私は、冤罪事件の度に警察と検察が批判されるのを批判し、冤罪判決の責任は第一義に有罪判決をだした裁判官にあると主張してきた。今回の無罪判決は、もし仮に本当に性被害があったとしても、それを立証できなかった検察官の失敗であって裁判官による失態ではない。

裁判官は、100人中99人が有罪と言うにもかかわらず、一抹の疑念があれば無罪というのが役割である。とりわけ性犯罪の場合、誰もが被害を主張する女性の味方についてしまい、冤罪が生まれやすいことは、これまで多数の事例によって実証済みである。冤罪を生むリスクと真犯人に無罪判決をだしてしまうリスクを天秤にかけて、真犯人に無罪判決を幾つかだすことは許容せざるをえないのである。

もっとも、このようなそもそも論は、正しいのではあるけれども、聞いて気分が良くないのも確かである。この原則論を強調し過ぎることによって、大事なことが抜け落ちてしまわないかという指摘もされている。しかし、実は、そこに勘違いがあることを示したい。

問題なのは不起訴処分の数

性犯罪者にできるだけ有罪判決を出したければ、問題なのは無罪判決の数ではなく、不起訴処分の数である。送検事件の約半分しか起訴されないということは、逮捕され検察官に送致されたにもかかわらず、検事が不起訴と判断し裁判にかけられない事件が千のオーダーあるということである。このうちの何割かは、本当に嫌疑なしなど、真犯人でないケースであるとしても、多くは、示談成立等で起訴猶予や嫌疑不十分（証拠不十分）で不起訴である。その数は、今回問題にされた無罪判決の数より二けた上であろう。

これらの事件を起訴すれば、その何割かは有罪になり、有罪判決は増える。その結果、当然、無罪判決も増える。これが正しい方向である。現在は、検察官は起訴を絞りに絞り、裁判官は必ず有罪にするという奇妙な運用なのである。このことは検事が決定者で、勝負は取調室で決し、判事がかかわる第一審はまるで控訴審であることを意味する。平野龍一が「日本の刑事司法は絶望的である」と述べた所以《ゆえん》である。一応、このような運用の正当化理論はあり、日本では、ひとたび起訴されれば、たとえ無罪判決がでても社会的に葬られる恐れが大きいので、慎重に起訴するというものである。

また、被害者が公判を望まないということも言い訳にされてきた。今後のあるべき方向は、できるだけ起訴して、争う、つまり、多数の無罪判決が出て、それにあわせて有罪も増える方向であると考える。無謀な起訴をしろと言っているのではない。私見だが一割の無罪がでてよいと思う。それでも海外先進国の中で無罪率は最少である。犯人を有罪にすることこそが、被害者の本当の望みであるとすれば、希少な無罪判決に焦点を絞って有罪判決を求めることは、それに逆行する。勘違いを、是非、是正してほしい。

性犯罪の事実認定について十分な能力がない法曹関係者

それでは、裁判官の判断に問題はないかと言えば、あると考えている。ただし、今回問題にされた事例についての感想ではない。おそらく公開されていない重要情報が隠れている可能性は高いし、特別な事例を論じても制度論にはならない。一般的に性犯罪の事実認定について、裁判官、検察官、弁護士、いずれも十分な能力がないという問題である。理由は簡単で、法曹は皆、法律解釈の勉強ばかりして、その点では、必要以上と言いたいほど詳しい知識を持っている一方、犯罪者とはどういう人たちで、犯罪被害者は、どう行動し、どう感じ考えるのかといったことの知識は乏しい。

この原因も突き止めるのは簡単で、司法試験の科目が法律科目だけで刑事政策や犯罪学、被害者学などの知識は一切問われることなく法曹になれるからである。正しい事実認定ができずに、法律だけ知っていても法曹の役割は果たせない。かつては刑事政策だけは試験科目であったし、刑法の試験に犯罪学の基本的な知識を問うこともあったが、それがなくなり、幅広い知識を獲得できたはずの法科大学院の理念もボロボロとなっている。すでに、事実認定能力を欠く法曹が多数生み出されてしまっている現状に鑑みれば、緊急の対応として、司法研修所、法務総合研究所等での研修をする他ないと考える。

今回の無罪判決に対して「常識的な感覚を欠く」といった非難もなされているが、性犯罪者は、一般の人々が想像するものと大きく異なっている。判決文に毎度書かれる決まり文句のように、性欲を抑えきれずに女性に飛びかかるような犯罪者は、刑務所内にただの一人も収容されていない。性の多様性についても習熟する必要がある。また、人間がいかにウソの自白や目撃証言するかも研究が進んでいる。将来に向かって、法曹養成の仕組みを見直すべき状況にあると考える。

最後に、蛇足ながら、フェミニストを名乗る人々の一部が、無罪判決批判をしている動きに苦言を呈したい。50年前までなら、勇気をもって女性が発言するだけで励ますというスタンスも運動論的に許容される状況にあったと考えているが、フェミニズム運動も成熟し、少なくとも、司法制度の基本ぐらいはわきまえた発言をしていかないといけない。今回は、起訴の過程を無視して判決批判すれば、望んでいることと逆の結果をうみかねないことはすでに指摘した。

もう一点気にかかるのは、性交強制罪に関して、日本社会は、欧米先進国に比較すれば圧倒的に発生率が低い安全な国であることを知ってか知らずか、日本が遅れている国かのように発言していることである。認知件数上だが、強姦事件が日本の百倍あり、憲法上も男女平等条項を入れる修正案を否決しているアメリカを見習えと言う類の議論だけはやめてほしいものである。また、日本における性交強制罪の認知件数は激減し、ここ15年で半減していることも念頭に置いて、バランスの取れた発言をしてほしいと望む次第である。

アメリカの黒人を警察官から守るには黒人を警察官にすればよい

2020年07月09日

正しい解決策を無視したリベラルの運動への疑問

ミネアポリスで、白人警察官4人組によって黒人のアメリカ人が殺害された事件が、大規模な運動を呼び起こしていることが大きく報道されている。この動きは、確かに、世界中に広がりを見せ、貧富の差の広がりやコロナ禍とも関連しつつ、長期にわたる人種差別問題のど真ん中に位置付けられる事件であることは間違いない。その意味で、多くの識者の議論が間違っているわけではない。

しかしながら、どうすればアメリカの黒人が警察官に殺されないようにできるかという、肝心要の問題が、あまりに無視されていると、私には思える。そこに注視して、問題の原点に帰ってみて、指摘したい論点がある。

刑務所は人種差別の学校

アメリカの人種問題を簡潔に振り返っておこう。1960年代の公民権運動の盛り上がり、キング牧師の暗殺からブラックパンサー党の活動というように歴史を要約してしまうのではなく、より、普通の黒人の生活に目を向けたい。

日本人にとっての差別は、同じ学校に通っていて同級生から受けたりするが、アメリカでは、同じ学校には通学できず、黒人居住区に閉じ込められて白人と出会う機会がないというのが実態であった。失業して、うろついていたところ、犯罪者とされて刑務所に入れられる。そこでは、受刑者が有色人種で、看守が皆白人である。ここにおいて初めて白人と接触する機会を得て、人種差別の実態を体験する。

そのため、刑務所こそ、人種差別の学校と呼ばれ、受刑者の連帯と、人種運動の結びつきは強い。1971年のアッティカの刑務所暴動に代表される黒人による刑務所暴動が発生し、州兵による銃撃により多数の死者がでた。実はこれは、黒人囚人による施設内環境改善のための交渉要求を単なる暴動とみなして一斉射撃がされたのが真相と言われ、司法解剖による死因調査など、時間はかかっても、州政府と刑事施設側の非が明らかにされたところは、アメリカ流の正義、面目躍如であった。

このころのリベラルの運動は、連邦最高裁判例に代表されるように、司法的なものであった。人種差別をなくすべく有色人種側にたち、刑務所の環境改善を求める訴訟において、受刑者が裁判で勝ちまくり、おびただしい数の同様の訴訟が起きた。非のうちどころがない優秀な黒人青年が、人種以外の理由では説明できない不当な扱いを受けている事例を対象に訴訟を起こす、NAACP（全米黒人地位向上協会）の訴訟戦略も勝利を収めた。

なぜ、アメリカの警察官は白人ばかりなのか

警察官と黒人に焦点を絞っていこう。警察官との対立といえば、1965年のワッツ暴動に代表される「暴動」が多発した。1970年代には、対策として、黒人の警察官が必要であることが議論された。その結果、地域によっては、その方策が取りいれられ、映画の中では、黒人警官が大活躍したり、黒人と白人の仲良しコンビが活躍したのは、例を出すまでもないであろう。

個人的な体験だが、80年代に、京都大学での研究会において、アメリカの警察研究の大権威であるアメリカ人教授に直接質問できる機会を得た。そのさい、なぜ、アメリカの警察官は白人ばかりなのか質問したところ、返答は、「治安は大切な事柄だと認識されており、それゆえ、全員白人でなければならないからだ」ということであった。残念ながら、これが本音なのだろう。その後、映画の中以外では、黒人警察官は浸透せず、1992年ロドニー・キング事件における久々の暴動、そして今回の事件と、肝心の対応策は、少しも実現していない。

今こそ、再び、黒人の警察官を白人と一緒に配備することを訴えなくてはならないと私は考える。ミネアポリスの4人組の警察官のひとりが黒人だったなら、あんな事件は起こらなかったのではないか。ところが、現在のアメリカリベラル勢力は、その主張をしていない。彼らの主張は、警察解体やら、警察予算削減である。これは、黒人が警察に撃たれるリスクの軽減には寄与しない。なぜこうなるのであろうか。

民主党版「トリクルダウン説」?

ここからは私の解釈である。アメリカの多くの警察組織は、白人で固められ、組合が強く、ほとんどが共和党の支持者である。リベラルは、これを攻撃したいのである。悪く言えば、今回の事件の政治利用である。

なぜこんな解釈が出てくるかと言えば、私には、アメリカリベラルが、極めて劣化しており、その程度において、トランプを大統領候補に押し頂く共和党に並ぶ酷い状況と見るからである。

トランプの前の大統領は民主党のオバマであった。国務長官はヒラリー・クリントン。有色人種の大統領に、女性の国務長官が実現した。だが、黒人差別において最も必要性が高い、貧困地域の黒人が警察に暴行されることに対する対策について、完全にサボっていたといわれても仕方ないであろう。

女性差別についても、高い地位をめざす女性のことは気にかけても、平均以下の社会階層の女性のために、ヒラリーは何をしたであろうか。新自由主義の標榜者が、途方もなく富裕な人々が、さらに富裕になればトリクルダウンによって皆が潤うと主張していたが、これは起きなかった。貧富の差は広がってしまった。これに比較して、黒人の大統領や女性大統領が実現すれば差別はなくなり、マイノリティーは皆、幸福になるという主張は、民主党版トリクルダウン説に、思えてくるのは私だけであろうか。黒人の大統領を出すより、黒人の警察トップをだすより、黒人の普通の警察官を多数雇用することこそが、黒人を守る。

厳しく批判したが、これが簡単にいかない現状について触れなければ、事態が正確に把握できないうえに公平さを欠くことになる。アメリカの警察と簡単に呼ぶが、定義がまちまちであり、その人数さえ確定できない。

ご存じFBIの統計があるが、これは、FBIプラス国家予算がついている地方警察官しか数えない。全米で70万人を切っており、人口比で日本（総数30万弱）より少ない。実は職業別人口統計を見れば、州警察、市警察、群警察（これが伝統的には中心）、さらに自治組織ごとの警察官もおり、かなり増える。さらに、司法統計局による、地方ごとの統計を総合する統計は、より正確となり、それよりも多くなる。これには大学警察やら、まるで保安官といった警察官も含まれる。このように、警察組織の多様性が大きすぎるゆえに、改革と言っても困難を極めることになる。

正確な統計値が得られない限界を承知で警察官の人種について手掛かりを探してみよう。FBIの犯罪による殉職警官の人口比だと、2019年に48人中、白人40人、黒人7人、アジア人1人。事故死は41人中、白人39人、黒人2人となっている。FBIには、ある程度、黒人がいることが確認できる。地方警察には年報を公表しているところがある。幾つか手に取ってみると、黒人の幹部の写真を掲げ、黒人警官が登場する写真を年報に載せる地域警察がある。確かに一部では成果があがっている。私の予測だが、これらの地方は、民主党支持が強固な地域なのであろう。

他方で、そのような年報を持たない共和党支持地方の警察組織がある。この地方の警察の改革は、民主党政権になっても困難なのであろう。FBIの統計だと、オバマ大統領になって、警察官数は1割ほど減らされ、トランプ当選後、1割近く増加して、元の数字に近づいている。つまり、リベラル側は、保守側の警察組織をいじめているだけになってしまっていると推察できる。リベラル派と保守派が、協力できない状態で敵対し合っていることは、他の領域でも指摘されているとおりである。

最後に、日本のメディアと、そこで発言する学者に一言したい。アメリカのリベラル系の新聞・雑誌、ワシントンポストやニューズウイークの受け売りが多すぎる。これらはリベラル政治勢力の宣伝紙に近く、保守系の雑誌よりましだとしても、うわすべったポリコレ言説が多い。あれもこれも黒人差別だと非難する動きなど、「私は、こんな小さなことでも差別だと気づく素晴らしい正義の味方だ」と陶酔状態に陥っているのかと思うほど、政策論的には練られていない主張が取り上げられている。

アメリカ刑事司法と犯罪の問題を広い視野で捉えた著書が日本語で読める（ゲリー・ラフリー『正当性の喪失—アメリカの街頭犯罪と社会秩序の衰退』宝月誠他訳、東信堂、２００２）。出版年は古いが、中身は古くなっていない。是非とも、もう一歩踏み込んで調べて議論してほしいと願う次第である。

工藤会、解散指示で「悔悛の状」示すか

2021年09月19日

暴力団首領への死刑判決を死刑制度の存在意義から考える

2021年8月、暴力団工藤会の首領である野村会長に、福岡地裁は死刑判決を下した。この判決は、いくつかの点で画期的なものであった。第一は、暴力団のトップに対する初めての死刑判決であることである。これまで伝統的に、警察も裁判所も、暴力団に対して、どこか「遠慮」がある風で、その撲滅や厳罰については慎重であった。そこが変化したというわけである。第二は、直接犯行に及んでいない暴力団のトップに責任を負わせるには、共犯（共同正犯）の証拠が必要であり、厳密な証拠が求められる刑事裁判において、これは乗り越えられない壁であったが、解釈変更したことである。これは、見様によっては、判例変更というよりも、暴力団を一気に撲滅するための政策的な配慮が背景にあるという話である。以上の2点については、幾つもの解説が為されており、私は、その説明に特に異論はない。そこは置いておいて、本稿で私が論じたいのは、死刑制度の意義という観点からみてみると、この判決は何を意味しているのかということである。

死刑の存廃論には、立法による死刑制度廃止に焦点を絞って、欧米の人権先進国を日本も見習うべきという論がある。この議論には大きな欠陥が幾つも指摘できる。まず、欧米では、警察官や麻薬取締官が、被疑者の逮捕のさいに非常に多くの被疑者死亡事件を起こしている。正当防衛と正当化しているが、統計を見れば、死刑制度廃止に伴い、逮捕時の被疑者死亡事件が増加していると批判されている。また、取調べについても、対テロの場合は例外とされ、黙秘権が認められず、拷問に近い取調べが合法化されている。欧米先進国が人権先進国というのは思い込みでしかない。さらに指摘できることは、日本の死刑制度の運用実態を無視した、答えありきの廃止論となっているものがほとんどであることである。残念なことである。

反省の弁により最高裁で「無期刑」例も

死刑が制度としては存在している国が、死刑を喜び勇んで積極的に執行しているわけではない。一旦死刑と確定したが、様子を見て執行を免れさすことが多用されている国もあれば、恩赦を使うことも可能である。日本の場合も、検事である法務省刑事局総務課長が起案し法務大臣が許可の署名をしなければ執行されないという最終関門があるなど工夫されている。確定後の再審制度も機能している。死刑確定判決の数と執行数を比較すれば執行数が少なくなっているのが実態である。今回注目したいのは、その前段階である。過去の刑事裁判を振り返れば、第一審で死刑判決がでたものの、その後の被告人の悔悛の状況を認めて最高裁で死刑を免じたパターンがあることである。一審判決直後、野村被告は、「後悔するぞ」と言ったという。およそ反省しているとは見えない様子であったが、今後、工藤会の解散を指示し、高裁判決のさいには反省の弁を述べ、最高裁で無期刑になるシナリオが実現するか注目すべきである。

日本における古来の文化パターンとしては、まず罪人を厳しく責めるが、反省を促し、悔悛を認めて赦す。近代になって、西洋にならって刑事司法制度を作ったが、その運用は日本的で、刑罰は極めて軽いし、犯罪者の更生には力を入れ、他の先進国とは比較にならない成功を収めている。ところがどうも、今回は、その成功パターンにならないと予測される状況にある。

犯罪発生率が低い、それもとりわけ凶悪事件が、他の先進国と比較して桁違いに低いという特徴は、維持されている。ところが、どうも日本古来の良き伝統は捨ててしまう方向に社会全体が動いているように見える。少し思い切った推理になるが、今回の工藤会をめぐる一連の動きを詳細に考察してみよう。かつてヤクザは、素人衆に手出ししないなど、いくつかの掟を護り、行き場のない人々を親分さんが身元を預かるなど、治安の向上に資する活動もしていた一方、警察もさじ加減をしてくれるし、裁判所も極刑は組長には控えていたという解釈がある。この論の妥当性の議論は簡単ではないが、ここで一点だけ注目しておきたいことは、双方ともに行き過ぎたことをしないよう互いに慎重で控えめであったことである。ところが、工藤会は、今回の判決の元になった事件を見て明らかなように、手りゅう弾は使用するは、一般市民は襲撃するは、「奥ゆかしい」掟は無視してしまっている。だから、今回の死刑判決は、やむなしという見解が出てくるのに不思議はない。しかし、ここで立ち止まって考えてみるべきである。裁判所が、むきになって工藤会を懲らしめようとし、工藤会が反発し、死刑が執行されれば、これは失敗ではないのか。

裁判所側の動向

裁判所側の動向を、振り返ってみよう。警察庁発表の公式統計をみれば２００２年あたりをピークに犯罪認知件数の急増があったが、これは何度も指摘するように（拙著『安全神話崩壊のパラドックス』岩波書店、2004）犯罪実態を反映したものではない。それに、百歩譲って、この認知件数総数の増加を受け入れたとしても殺人は減少し続けている。一般に警察の認知件数より正確に犯罪状況を示してくれるとされる犯罪被害者実態調査によれば、日本の犯罪発生率は横ばいであり、ここ2012年以降は減少傾向にある。そのような犯罪状況の中で、2006年、2007年と死刑確定判決は爆発的に増加し年間20名を超え、無期刑も急増した（表参照）。この背景には、マスコミが犯罪増加や凶悪化の誤った印象を与える報道を繰り返したことも大きな要因であろう。表を見れば、その急増ぶりには驚くばかりである。

これに対して、その直後、検察、法務省からは、死刑と無期刑が多過ぎるとの反省が出てきた。裁判員裁判での死刑判決を控訴審で無期にしたケースを2015年2月に最高裁が支持し、死刑確定判決を減らす一方、有期刑の最長期間が20年であったのを30年にする改正を実施した（平成16年12月刑法改正）。有期刑の最長期間を30年に延ばすことは、無期刑を有期刑にするための施策であったことは、私の知る限り説明されたことはないが、結果は明らかである。年間100を超えていた無期刑判決確定数は、20にもみたない。死刑の確定判決数の減少も実に顕著である。詳しくは2014年段階で、裁判員裁判の控訴審で量刑不当を理由に棄却したことを最高裁が認めて風向きが変わってきている。

一般に、裁判員裁判は市民の決定であるから、職業裁判官も、それを尊重すべきという観点から控訴審で、そう簡単に棄却できないと考えられてきた。実際に、棄却率は、裁判員裁判導入後、少し落ちたが、それでも1割以上ある。ただし、これは個々に検討すれば、被害者との示談が成立するなどの事情変更があり、刑が軽減されるのがほとんどである。私の主張する、第一審は判決後の反省と悔悛を待つパターンそのもので

表　死刑と無期刑の第一審判決および確定判決数の年ごと推移
（令和２年版犯罪白書より河合が作成）

（年ごと別人数）		死刑		無期	
		一審	確定	一審	確定
1989	（平成元）	2	5	46	49
1990	（平成２）	2	6	17	32
1991	（平成３）	3	5	32	24
1992	（平成４）	1	5	34	29
1993	（平成５）	4	7	27	27
1994	（平成６）	8	3	45	35
1995	（平成７）	11	3	37	35
1996	（平成８）	1	3	34	34
1997	（平成９）	3	4	33	32
1998	（平成 10）	7	7	47	45
1999	（平成 11）	8	4	72	48
2000	（平成 12）	14	6	69	59
2001	（平成 13）	10	5	88	68
2002	（平成 14）	18	3	98	82
2003	（平成 15）	13	2	99	117
2004	（平成 16）	14	14	125	115
2005	（平成 17）	13	11	119	134
2006	（平成 18）	13	21	99	135
2007	（平成 19）	14	23	74	91
2008	（平成 20）	5	10	63	57
2009	（平成 21）	9	17	69	88
2010	（平成 22）	4	9	46	49
2011	（平成 23）	10	22	30	46
2012	（平成 24）	3	10	39	38
2013	（平成 25）	5	8	24	38
2014	（平成 26）	2	7	23	28
2015	（平成 27）	4	2	18	27
2016	（平成 28）	3	7	25	15
2017	（平成 29）	3	2	21	18
2018	（平成 30）	4	2	15	25
2019	（令和元）	2	5	18	16
期間総計		213	238	1,586	1,636

ある。死刑については、実は、第一審死刑判決と死刑確定数をみていくと、平成以降は、なんと後者の方が少し多く、検察側が最高裁でついに死刑判決を取るという現象がおきている。先ほど私が述べた、最高裁で死刑を免れる事例は、昭和の話であった。

2015年以降だけを見れば、裁判員裁判で死刑判決が下されたもののうち、7件が控訴棄却され無期になり最高裁で確定されている。つまり一審死刑で高裁、最高裁で無期という事例が、そこそこあるわけである。ただし、これらのケースが死刑を免れたのは、その後の被告人の反省云々ではなく、量刑判断の誤りが理由になっており、私の主張とは残念ながらズレている。

私の死刑論

私の死刑論は、すでに発表しているように（拙著『日本の殺人』筑摩書房、2009、『終身刑の死角』洋泉社、2009）、立法府が死刑廃止するのではなく、刑罰は、あくまで司法が裁判によって、ひとりひとり判断すべきであり、制度としての死刑制度は存続させる。ただし、死刑執行は、可能な限り避けるべきというものである。簡単に言えば、死刑が有り得る状況で裁きをしたいし、第一審で死刑判決を出してもだれの命も奪われない。むしろ第一審では死刑判決を被告には聞かせたい。その後の、被告人の反省や行動変容をみて最高裁で死刑を免じてやれるのがひとつの理想というものである。

工藤会には、そのメンバーの居場所はどこかに必要だとしても、暴力団がそのままの形では存続を許されない社会になることが不可避なのだから、解散してほしい。野村被告には、英断を促したい。他方、裁判所は、方針が揺れているところもあるが、反省を促して赦す伝統パターンを忘れないでほしい。もっとも、凶悪事件が少しも増えない、むしろ減少傾向の中、多数の死刑判決を出してしまったことを是正したところであるにもかかわらず、今回死刑判決を出したところに並々ならぬ政策的な決意を読み取ることもできるように思う。

ＡＶ出演年齢の自主規制をする意義とジレンマ

２０２２年04月01日

第三者機関のＡＶ人権倫理機構は、少女を救うルールを業界側に通達している

２０１８年６月に成立した「民法の一部を改正する法律」が、２０２２年４月１日から施行されたことにより、成年年齢が18歳に引き下げられた。飲酒、たばこ、競馬、競輪、競艇については、20歳以上でなければならないことを維持する立法手当てがなされた一方、元々18歳から働けた風俗産業で働くこと、ＡＶ（アダルトビデオ）出演等は、なんの対応も取られない。

ＡＶについては、18歳で成年となることで、ひとつ影響がでる。これまでは、18歳、19歳で出演してしまった女優に対して未成年者取消権を行使し、出演契約を無効とし、作品の映像配信と商品の回収を請求できた。ヒューマンライツ・ナウなどの人権団体と立憲民主党は、この手段がなくなれば、これまで控えられていた18歳なりたての高校生まで含めて18歳や19歳の女子がＡＶに出演するようになるので、18歳と19歳に取消権を維持しようと提案している。

ただし、この現状予測は、そう当たらないと思われる。合法に活動する業者（モザイクが映像に入っている作品）の大手を中心に立ち上げた、適正ＡＶグループから依頼された第三者機関のＡＶ人権倫理機構（人権倫）は、民法改正後も「ＡＶに出演を希望する女性に対する面談、契約、登録、撮影は、20歳に達してからとすることを強く推奨する。例外として18歳、19歳のＡＶ出演希望者を受け入れる場合には、以下について厳守するものとする」との通達を業界側に対して3月23日に出した（人権倫ＨＰのお知らせ参照）。

・18歳で高等学校などの学校法人に在籍する者に対しては、ＡＶに関連した面談、契約、登録、撮影は一切行わない
・面接から撮影までのすべての工程において、とりわけ丁寧なＡＶへの出演意思確認を各工程の際に重ねて実施していく
・ＡＶとはどういうものか、顔バレ等リスクについても重要事項として十分説明すると共に、面接から撮影日まで熟慮期間を十分取ることとする

私は、この人権倫の理事のひとりであるが、この問題について、個人的な見解を述べるとともに、議論のために資すると思われる情報提供をしたい。何しろ事態は、複雑なのである。

少女を救いたいがためのジレンマ

10代の少女の安全という、より広い視野で見てみることが、本当の問題を理解するうえで欠かせない。少女が初めて家出するのは中学生、12歳か13歳あたりで、最も家出少女の数が多いのは15歳、16歳であろう。

彼女たちが歌舞伎町のような夜の繁華街を歩いていると、さまざまな悪い誘いがかかる。スカウトなどと言われる者は、このような少女たちを、さまざまな「働き口」に売り飛ばすというか斡旋《あっせん》するというかして稼ぐ。そのさいに18歳、19歳ならば、風俗店で働くことができるので、そこに紹介し、容姿などをみてAVもあり得る。

後で詳しく述べるが、大手の合法AVメーカーは、現在は、おしなべて20歳の誕生日までデビューさせない。プロダクションは、売れそうな子だと判断すると、自社に登録し、20歳になるまで、一般のモデルなどAVでない仕事を紹介しながら待つことが通常である。

それでは、18歳になってない少女はどうなるのか。非合法の風俗、あるいは自分たちでいわゆるパパ活といったことになる。この意味するところが重大で、18歳未満は風俗で働けないようにして、18歳未満の少女を護《まも》っているつもりなら、大変な逆作用になってしまっている。合法風俗で働けないから非合法風俗に放り込まれて、より危険な目に遭うわけである。18歳や19歳がAVに出演するのも、禁止してしまえば、少女たちが救えることにはならず、彼女たちは、AVに出演しないで真面目に働くよりも風俗で働くことになるケースが多々ありうる。ここを勘違いしないことが大切である。

このような逆説を示す、さらに厳しい事例をあげれば、ドイツは2002年に売春を合法化したが、この理由は、東欧から流れてくる少女たちが、非合法の業者でなく、せめて合法業者なら、よりまともな扱いを受けるからというものであった。古い例だが、日本も売春防止法施行で、売春のない明るい社会にしようとして、強姦《ごうかん》罪が年間約4、000件から約6、000件に翌年跳ね上がった。法律を守るつもりがないグループが存在することを忘れて、かっこのよい立法をすれば、若い女性たちを、かえって危険な状況にさらす結果となる。

もちろん、だからといって立法による規制をしないわけにはいかない。何歳の子でもどんな職場でも働けるなどあり得ない。幸い、合法の業者のほうが圧倒的多数であり、規制には意味がある。法規制を厳しくするのも、緩めるのも、どちらも一長一短となるジレンマがあることを、まずは理解しておく必要がある。

ＡＶ業界の実態

ＡＶ業界の実態と女優年齢について簡単にスケッチしておきたい。この部分は、ほとんどのひとにとって認知されていないので議論が混線してしまう元となっている。まず、ＡＶには表現内容についての自主規制をしてモザイクをつけている合法グループがある。このうちほとんどが、適正ＡＶのマークをつけた大手メーカー全てを含んだグループを形成し、第三者機関である人権倫を立ち上げて依頼し、プロダクションもメンバーに含めて女優勧誘や撮影時の自主ルールを作って維持している。

これに対して、無修正と呼ばれるモザイクなし、表現のチェック機関抜きのグループがある。これは国内で売れば刑法１７５条のわいせつ物頒布罪にあたるので、海外から配信しているが、現在は、これも非合法である。そして、海賊版を扱う、やはり非合法の業者というかサイトが多数ある。

大枠はこの3通りだが、実は今回の主役は、どれにも属さないアングラ系などと呼ばれるバラバラの人たちである。なにしろビデオ片手に監督、男優兼任で撮影し製品化するために必要なのは、相手役の女性だけで、個人メーカーとして、海外のサイトに動画を送って手数料を払って販売できる。国内なら、自分で配信すればよい。表現についての自主規制審査なしで、性器を隠す場合もあれば、無修正の場合もある。

このようにＡＶと呼ばれるものには、適正ＡＶ、無修正、海賊版、アングラの4種あることを念頭に置いて実態を整理しなければならない。

ＡＶ女優の年齢

適正ＡＶに登録されているＡＶ女優の年齢について記述しておこう。ここも誤解が多い。風俗産業では、風俗嬢の年齢をいつわっていることが普通と言われてきた。客が若い子を好むとの前提にたち、相当何歳も若いほうに偽るのが、常識とされてきた。ＡＶ女優も、身元がバレるのを防ぐために、出身地、職歴、年齢について偽っていることがしばしばだが、全体としては、実際より高齢と偽っている。

理由はいくつもある。そもそも熟女ブームのせい、つまり若いことはアピールにならないことがある。また、かつて、ＡＶに出演したいがために18歳以上だと、姉さんの身分証を見せて出演し、未成年者を使ったということで業者が逮捕されたというケースがいくつかあった。痛い目にあって、女優の年齢確認は、極めて厳格に実施されている。無修正やアングラ系も特に若い子は必要としていない。

適正ＡＶについて説明を続けると、当然だが、ひとつのジャンルとしてロリータ趣味の作品群はある。だが、この場合、女優の外見が若ければよく、実年齢は若い必要がない。実年齢30歳の美少女女優が実際に活躍している。また、作品中の設定で、女子中学生や女子高校生ということがあるのかというと、表現規制の審査のほうで、作品タイトルで中学や高校を使うことは自主規制されている。ただし、作中のビジュアルとしてはセーラー服を着ている。

これらの実態を知っていれば、成年年齢の18歳への引き下げがあったとしても、現役高校生のＡＶ出演などを売りにした作品の制作販売など起きるはずもないことが理解できると思う。ちなみにソープランドも、地域ごとだが、高校生は18歳に達していても働かせない自主規制を行っている。もっとも、考えてみれば、18歳でソープで働く女性は、そもそも、高校に行っているのであろうか。人権団体なら、起こりもしない高校生のＡＶ出演で騒ぐより、高校に行っていない女子に思いをはせてほしいものである。

重要なのは意思確認

ＡＶメーカー側に、18歳、19歳の女優に対する需要がないことは確認できたが、18歳、19歳の出演志願者はいる。風俗で働くよりＡＶに出たい子がいることは間違いない。業界としてどうするのか。実は、２０１７年、人権倫ができた年に、大手メーカーと話し合っている。

ＡＶ作品が許容されるのは、ＡＶ女優が、そこで行われる行為に完全に合意している場合のみである。女優の意思確認が重要というより不可欠と認識すべきである。したがって、年齢の問題は、自分の意思を女優さんがしっかり持てるかどうかの問題である。そう考えてみると、18歳や19歳の子が、自分から出演したいと志願してきたからといって問題ないとは言えない。

ちなみに、適正ＡＶ内でのアンケートによれば、いまはスカウトがきっかけの女優は少数になって、自分で志願してくる女優の比率が、採用されている中でも、かなりの多数派となっている。そもそも十数年前から、女優志願者は大勢いて、多くはプロダクションに門前払いで断られている。騙《だま》して連れてきて強引に出演させるという話は、２０１６年ごろからマスコミで「出演強要」として大騒ぎとなったが、実は、予想外のインターネットの普及で、自分が出演した作品が永遠に配信されるのを、女優さんが停止したかったということだと判明している。イヤイヤ出演してしまったとしても、そんな作品は売れるはずもなく、うまく丸め込まれて出演させられた作品が継続して配信されているケースは、ほぼないということは明らかになっている。

人権倫としては、ＡＶではないとしての勧誘を厳禁、ＡＶの中身を説明し、顔バレ身バレのリスクについても説明し、熟慮期間として日にちを置くこと、統一契約書を使うこと等を提案しルール化した。その説明場面を録画することもプロダクションの協会から義務づけられている。

話を、２０１７年の話し合いに戻せば、メーカーごとに得意のジャンルが違うため、公平な規制にならないといった議論もされて、ルール化は見送ったが、意思確認の観点から18歳、19歳は、やめたほうがよいという点ではかなりの合意があった。結局、それ以降、18歳、19歳の採用はなく、人権倫が毎年実施する女優のアンケートによれば、18歳、19歳の女優の数はゼロで推移している。

一言触れておくべき事実がある。それよりさらに前の時代、未成年者取消権の行使により、打撃を受けたメーカー、プロダクションが、幾つもある。そのおかげで18歳、19歳の出演が抑えられたと人権団体は、みなしているようである。これは、その時代においては、かなりの真実性があり、人権団体の活動成果だと誇ってよいと、私も考えている。ただ、適正ＡＶグループの大きな部分を占めるメーカー団体の構成員である日本映像制作・販売倫理機構（制販倫）は、以前から、撮影段階において20歳以上でなければならないとのルールをしっかり持っている。

アングラ

適正ＡＶグループに関しては、成年年齢を引きさげても、問題が起きないであろうことは間違いないと確認できたと思う。無修正メーカーは、非合法と言いながら、それほど厳しい取り締まり対象になっておらず、モザイクがないことを除けば、刺激的な作品は避ける傾向にある。想像だが、彼らの意識としては、若い子も必要ないし、波風立てないようにしていたいのではないかと思う。

海賊版配信者は、撮影しないから関係ないと思いがちだが、それは間違いである。未成年者取消権にしろ、人権倫の配信停止にしろ、海賊版のせいで、永久にインターネットのどこかで映像が消えない問題がある。被害救済の観点から、海賊版サイトは見逃しえないのであって、撲滅にもっと注力するべきである。ここは厳しくした場合のジレンマなどない領域でもある。

アングラと呼ばれるメーカーこそ、今回の問題の中心ではないかと私は考えている。世界最大手のポルノ配信サイトが、個人で撮影したポルノ映像を配信し、売り上げを分ける仕組みを近年導入し、日本からも利用者がいる。他の配信業者もこぞって、似たような仕組みをつくり、今や、個人メイドのポルノ全盛とさえ言われる事態が起きている。このような個人が、パパ活相手の少女に、数万~10万円を支払って性行為をビデオ撮影する、あるいは無断でビデオ撮影するなど、極めて悪質な手口で被害者を出しているようである。それも極めて若年、18歳以下の子も含まれているようである。

未成年者取消権などでは、これらの事例はどうすることもできない。是非、警察には、摘発に力を入れてほしい。なぜ、このグループが、今回の問題の中心と考えるか、次に示したい。

配信停止と未成年者取消

未成年者取消権が18歳、19歳に使えなくなれば、どうなるか、考えてみよう。未成年者取消権を行使できるのは親である。成年扱いになれば、本人に権利が発生し、撮影時に問題があれば、民事訴訟も刑事告訴もできる。むろん、それは、資金的にも労力としても負担であるが、人権倫の配信停止申請は完全に無料である。人権倫のルール上は、意思確認に問題がなければ販売継続、5年経過すれば無条件に配信停止である。女優側が、撮影にかかった費用や、販売費を払えば、配信停止も作品回収も、すぐ対応してもらえる。実際は、中を取って話し合い可能である。配信停止申請でなく、女優向けのホットラインがあるので相談できる。

実際の事例で、女優は出る気満々で出演したが、人気がでてしまい身元がバレて親に影響がでる事態となり、人権倫でも検討し、結局配信停止したこともある。発売1、2週間で配信停止だったが、売れた場合なので、実は資金回収は、すでにほぼできていたようだ。ちなみに、過半数の女優は、デビューしたが売れず、女優としては何カ月かの命で消えてしまう。

女優の団体AVANへのホットラインへの相談、停止申請の内容を見る限り、現在、女優からの救済を求める動きは、全く活発化していない。人権団体経由の申請も受け付けているが来ていない。そこから、現在人権団体に駆け込んでいる被害者は、アングラ系の事例ではないかと推察している。ここに対する対策こそ必要と考えている。

運動団体とマスコミへの注文

最後に、運動団体とマスコミに一言、注文させてほしい。出演してしまって、後からなんとかしたい人は、親に対しても、運動団体に対しても、「業者にしてやられた」というトークをする。被害者の聞き手としては、やはり、ある程度、そのまま信じて聞いてあげる必要はある。それが現場だが、その中身を事実と見てはならない。マスコミも、「運動団体に聞けば、こういう事例があるそうだ」と報道し、ウソはついてないスタンスになってしまっている。業界側や、せめて人権倫に取材があって当然だと思う。テレビ局も新聞も、丁寧に取材に来た社もあるが、取材なしに報道しているマスコミも少なからずある。一般の読者は、中身を信じやすいのであるから、十分な注意をしてほしい。

たとえば、合法営業のメーカー側が、出演者に民事訴訟されて、発売停止や損害賠償を求められて敗訴したことは歴史上、一件もない。いわゆる裏とりを、しっかりして、誤解を招く報道は慎むべきである。そして、運動団体についても、比較的理性的で良心的であると、評価しているが、人権倫の活躍が気に入らないのか、各方面に、その活動について伏せて伝えているふしがあるのは残念である。

いわゆる「強要」事件のさいは、運動団体の批判を受けて、人権倫が誕生し、業界の改革が大きく進んだ。人権倫のメンバーだけが人権倫を作ろうとしても、おそらく業界から相手にされなかったであろうことから、人権倫が実施した改革は、運動団体の活動の成果と誇ってもらってよいと私は考えている。

今後について

自分の意見表明は控えぎみにして、検討の材料となる事柄の説明、紹介を中心にして論じさせていただいた。私個人としては、人権倫理事という、多少とも影響力のある立場であることを自覚し、きれいごとの主張をするより、女優の置かれる現実の状況が、少しでも、より良いほうに変わることを第一に活動を継続していきたい。

旧統一教会に宗教法人の資格があるのか吟味を

2022年08月19日

安倍元首相殺害を、犯罪学と、日本の古の掟から読み解く

安倍晋三元首相の殺害について、早急にひとつの正しい解釈を求めるより、さまざまな受け止め方を見聞きし、幅と深みのある理解にたどり着くことができればと考えている。すでに、有識者のコメントが幾つも発信されているのはありがたいことである。ただ、政治的、社会的影響の大きさゆえ、案外、殺人事件としての地に足の着いた検討や意見が不足しているように思う。

私は、殺人事件を犯罪学から研究する者として、結論を急ぐことなく、この事件を殺人事件と政治テロ・暗殺として見た場合、どのように特徴づけられるか、考察し、議論の素材として提供してみたい。

殺人事件としての特徴

最初にすべき検討は、殺人事件として何が特徴か明らかにすることである。結論を先取りしておけば、実は、この事件は、殺人事件に見られる一般的特徴をことごとく備える。その意味では「普通」の事件である。

日本の殺人事件は、過半が家族内、身内で起きる。今回なら、山上徹也被疑者が、恨んでいるという母を殺害するパターンである。父も兄も自殺しているが、これは一つ間違えば、家庭崩壊の元になった母を、父や兄が殺害していたかもしれないとみてよいであろう。だが、山上被疑者も、父、兄と同様、母は殺せなかった。むしろ、母も世界平和統一家庭連合（旧統一教会）の被害者と見えていた。そのため攻撃対象は、旧統一教会となったということであろう。

問題は、旧統一教会への復讐《ふくしゅう》・反撃が、なぜ安倍元首相になったかである。殺人事件としての基本的なことを飛ばして、安倍元首相や旧統一教会の話を始めるひとが多いが、その割には旧統一教会についての認識が甘い。私は、何十年も以前から悪質商法（『現代のエスプリ』325号（特集・悪質商法／諸沢英道編）参照）という広い枠組みで、カルトを犯罪として研究し、実際にそれらと戦ってきた。悪質商法と呼ぶよりマルチ商法、ネズミ講の類という方が分かりやすいかもしれない。具体的には朝日ソーラーや日本アムウェイ問題である（以下の概略を参照）。

〈朝日ソーラー問題〉訪問販売で高額の太陽熱温水器等を、強引な販売手法で売りつけ、1997年には国民生活センターから問題企業として社名公表された。
〈日本アムウェイ問題〉さまざまな商品を、マルチ商法的な手法で販売している問題点を、国民生活センターが指摘し、メディアにも大きく取り上げられた。

そのため、旧統一教会と戦う紀藤正樹弁護士とは、当時から親交がある。カルトの説明は簡単ではなく、だからこそ多くの人がひっかかる。本当に理解するには、ご自身で何冊も書籍を読んでいただくしかないが、カルトと戦ってきたものの共通認識だけ紹介しておきたい。以下、カルトについての一般論である。

検挙されにくいカルト主導者

宗教団体を名乗っていてもマルチ商法でも同じだが、勧誘されて信者となった者は、目を輝かせて活動し、自分の周りの者を引き込む。自分も被害者だが、加害者でもあるというのが、カルト信者の悲劇である。目が覚めたとき、自分の加害性に気づき、自分にとって大事な人や家族を、どれだけ苦しめたかわかるため、自殺に至ることがある。山上被疑者の家族だけでなく、大量の自殺者を出しており、大量殺人者と比較すべきであるほど悲惨な結末を生み出している。

もちろん、カルトはオウム真理教のように本当に大量殺人することもあるのだが、「賢い」連中は、手をかけない。つまり、刑法上、凶悪犯罪になりにくい。もし、犯罪者の内心まで立ち入ってみたら、カルトの幹部ほど悪い犯罪者あるいは、反社会的な人は他にいないというのが、カルト研究者の共通認識である。一般に反社会的勢力と呼ばれる人たちは、彼らと比較すれば稚拙な暴力を振るうので犯罪者として検挙されやすく、カルトの主導者は、そう簡単に検挙されないという認識である。

なぜ騙されるのか

カルトの問題で、多くの人が理解できないのは、なぜ騙《だま》されるのかである。この疑問は、しばしば、騙された側に責任があるのではという連想につながり、カルト対策がおろそかになる。

カルトと戦ってきたものの共通認識は、基本的に狙われたら、ほとんどの人が勧誘されてしまうというほどカルト側は巧みな勧誘技術を持っているというものである。集会などに、のこのこついて行ったらもうダメである。見事な勧誘マニュアルがあることが確認されているが、そこから、後の分析に必要になる重要な二点だけ述べておこう。

第一点は、証明できないうえ、ウソくさく思われるのでカルト啓蒙《けいもう》書では省かれる内容である。この見事な勧誘方法というより、洗脳方法を作ったのは、おそらくＣＩＡ（米中央情報局）だということである。

ＣＩＡに言わせると、毛沢東が、元中国の幹部たちを共産主義者に心を入れ替えさせる清風運動を成功させたのに脅威をいだき、それを洗脳と呼んで研究せざるを得なかったということである。世界中の多くの若者が共産主義に魅了されていた時代があったことを想起しなければならない。それに対抗する研究成果、対共産主義の逆洗脳方法は、洗脳方法そのものであり、これがＣＩＡの外部に持ち出され、カルト集団が使っていると推察されている。騙す側は、信仰者ではなく、科学的な方法論によって洗脳するのである。

第二点は、勧誘の際に、警戒心を解かせ、信用力を上げるために、広告塔を用いることが常道となっていることである。朝日ソーラーのときは俳優の西田敏行をＣＭに起用していた。有名なカルトであるサイエントロジーの広告塔にされたとしてトム・クルーズが批判されたこともある。このような広告塔になる人物は、勧誘マニュアルの幾つかの手法のひとつの典型的な道具であり、広告塔の意思とは関係なく、見事に活用されて被害拡大につながっている。広告塔とされた人物は、本人は軽い気持ちで使われている場合もある。

旧統一教会の広告塔こそ安倍元首相

例からわかるように、広告塔に最適なのは、いわゆる「おひとがよい」キャラクターの人物である。カルト集団にとっては、ビデオレターひとつで十二分である。ここでは、カルトが活動するためには手ごろな広告塔が必要不可欠なことを理解していただければよい。

そして、旧統一教会の日本における広告塔こそ安倍元首相であった。広告塔なのであるから資料は山ほどある。よくぞ、マスメディアはこれを全て無視してきたものである。

これらを踏まえると、結論は簡単である。

旧統一教会に大きなダメージを与えたかったら、広告塔の安倍元首相を亡き者にすることは、組織の急所をつく極めて有効な手段であり、完璧に論理的整合性がある行為とみえる。より精密に分析すれば、もし山上被疑者が、旧統一教会についての十分な知識を持っていたのであれば、そのとおりである。精神鑑定でぜひとも確認してほしい。

殺人者は一日では誕生しない

殺人事件の他の特徴についても述べておこう。殺しの動機は、簡潔に整理すれば、怨《うら》み、金目当て、動機不明（通り魔等）の3種。加害者と被害者の関係に注目すれば、順次、愛憎が深い関係、金を持っている情報のみあればよい知り合い、見知らぬ他人となる。

今回の事件は、深い関係（家族）のネジレ型になる。深い人間関係がある場合、加害者は相対的に弱者で、怨みを抱かれた、あるいは抱かせた被害者は、相対的に強者である。この強弱は、腕力も社会的な強弱も両方含む。強い方は、反撃のおそれがないので、殺す必然性はなく、毎日相手を攻撃あるいはいたぶればよい。弱者は、反撃が怖く、反撃できずに貯《た》めに貯めた怨念で一息に殺す。これが殺人事件の典型的な構図である。この特徴は、今回も典型的にあてはまる。

ここで非常に大事な点に触れなければならない。実際の怨みによる殺人事件を検討すれば、長年に渡って痛めつけられてきた加害者への同情を禁じ得ないケースに出くわすことは事実である。しかし、多数の殺人事件を比較して、その最大の特徴は、殺人既遂は、実行が極めてむずかしいということである。

殺す気になったり、殺すぞと発言したりする状態までは、人間の攻撃性からしてたやすく到達する。しかし、ナイフで刺しても、そこで少しでもひるめば怪我《けが》で済む。具体的な細かな行為、武器の使い方など検討すればわかることだが、たとえ、挑みかかっても滅多《めった》なことでは殺しきれない。犯罪学者から見て、最も単純化して説明すれば、殺せる人と殺せない人がいる。殺人者の成育史を研究すれば、殺人者は一日では誕生しないことがわかる。山上被疑者がやったことは、運悪く死亡した傷害致死事件ではなく、文句なしに殺人である。

人を殺してもよい理由などどこにもない

刑法の考え方は明確で、たとえ被害者が、いかに酷《ひど》い人物、嫌われ者どころか、極悪人でさえ、それを「殺したるもの」は殺人者である。逆に、現実には珍しいケースだが、被害者が尊敬をあつめる人物であったとしても、それも重大な考慮事項ではない。安倍元首相の功罪についての評価と切り離して刑事裁判は行われるべきである。

宗教二世としての被疑者の生い立ちのみ、量刑のさいに考慮されるべきである。ここで今確認したことは、刑法学を学んだ者にはイロハなのだが、かなり知識があるはずの方々が、誤解されているように感じるので確認させていただいた。誰を殺しても、殺人は殺人であり、殺害者には重い責任がある。犯人の英雄視は論外である。政治テロとしての考察で、この点は再言及する。

殺人事件は、どうしても加害者に注目が集まりがちだが、近年犯罪被害者学も発展してきている。殺人事件は、被害者が加害者を、不用意な言葉、侮辱的な言葉で怒らせたり、先に殴ったり、恨まれたりして起きる。そのため、初期に被害者学は、犯罪の原因として被害者を研究し始めた。

しかし、丁寧に分析すれば、被害者に、犯罪の責任は全くない。人を殺してもよい理由などどこにもない。今回の事件でも、確かに安倍元首相が旧統一教会の広告塔になったことは不用意なことではあるが、彼に殺人事件の責任はゼロである。ただ、安倍元首相は、事件の原因となることをしたのも事実である。刑法理論ではなく、因果という意味では、無縁とはいえない。この部分が実は、ある文脈で重要であることについて、本稿の最後に触れたい。

政治テロとしての検討

さて、いよいよ政治テロとして、今回の事件を検討してみよう。

基本に戻れば、政治権力者の殺害は、正当化しようとすれば抵抗権の行使しかない。悪政への抵抗としての最後の手段としての暴力の正当化である。ところが、今回は、なんと国政選挙の直前である。国民は、政権を倒す適切な手段を与えられており、抵抗権を持ち出すのは、最も不適切な状況であった。

山上被疑者は、安倍元首相を殺害した影響など「どうでもよかった。知ったことではない」といった発言をしている。この殺害は政治権力をめぐる行為ではなかった。山上被疑者は、反政府勢力ではなく、投票に行かない選挙無関心派であった。この部分の重要性には、寺島実郎が、朝日新聞のインタビュー（「新次元のテロと民主主義『多くの予備軍』とは　寺島実郎さんに聞く」、２０２２年7月22日）で的確に指摘している。今回の事件は、これまで蓄積された政治テロについての研究からは、容易に分析できない。政治権力者の暗殺だから民主主義への攻撃であるという理解は、ことを単純化し過ぎた、誤った見方である。

ただし、典型的な政治テロ事件というのも、背後の組織はともかく、実行犯についてよく調べてみれば、異なった様相が見えてくる。アメリカ犯罪学会のテロリズム部会に私が、参加したさい、報告者であったＭＩ５（英国機密諜報部）の部長は、政治テロの実行犯の成育歴を検討すれば、それは殺人犯そのものであると指摘していた。そのうえで、政治テロを防ぐには、一般市民が巻き込まれて亡くなっても、そこで犯行をやめない犯罪者の発生を無くさなければならない。英国の対テロ研究所の3分の1が犯罪学者だが、この比率は、大幅に上げるべきだと主張していた。私には、全く賛同できる提案である。

欧米諸国の対テロは、ひたすら武装強化と厳重警戒に陥りやすい。一般の犯罪対策も同様である。しかし、統計が明らかにしてくれるように、欧米先進国は、厳罰と厳重警戒をしながら、犯罪の発生率は、日本と比較すれば桁違いに多い。一般市民を犯罪から守るという点では欧米先進国の政策は失敗している。誤解されているが、刑事司法の人権侵害も日本より遥《はる》かに酷い。冤罪《えんざい》事件も桁違いに多いどころか、最近では対テロを正当化理由にして拷問さえできるほどである。欧米のほうが日本より民主的で人権擁護していることを前提に語る学者が多くいるが、少なくとも刑事司法においては、実態は逆である。

私は、もちろん、日本に西洋型の民主主義も人権意識も、根付いていないと考えている点では同じだが、日本には古くからある別の方法があると考えている。伝染病のコロナ対策でも、日本の狭義の政策は、世界のどこの国と比較しても酷かったが、結果は、素晴らしかった。以上のようなことを前提に、安倍元首相殺害に話を戻そう。私が検討したいのは、あの、あまりにも緩い警護のことである。

欧米諸国の要人警護

私は、フランスのミッテラン大統領の警護部隊が、どう選ばれ訓練されて配備されているかの特集番組を、パリ在住中に見る機会があった。その後、アメリカの要人警護についてもFBI（連邦捜査局）の担当官から話を聞くなど一定の情報は保持している。こと要人警護に関しては、欧米諸国は、しっかりしたノウハウを持っており、この方面では日本より成功している。

ジョン・F・ケネディ大統領が暗殺されたと反論する方もおられるかもしれないが、実行犯とされたオズワルドはダミーで、本当の実行者はFBIだと私は考えているし、これは珍しい考え方ではない。警護のやり方以前に、人員の選別、訓練、配置、しっかりした指揮官と指揮系統が必要であり、すごいものである。付近のビルの上、雑踏の中にも必ず人員がいる。ドローン攻撃対策班も必須である。

トランプ前大統領と北朝鮮の金総書記がシンガポールで会談したとき、シンガポールで警護にあたったのはグルカ兵である。彼らは、多くの国の要人警護を請け合い、傭兵《ようへい》として世界を転戦し、民間軍事会社でも働いている。銃撃戦や白兵戦の実戦経験豊富である。警察庁が、警護の再検討中だが、全然レベルが違うことを認識しておかなければならない。

日本には法律以前の災害時の掟がある

ここから、全くオリジナルな私の見方を披露したい。日本の歴史上、たくさん起きた暗殺事件を振り返り、その特徴を見てみるとよい。飛鳥時代（645年）に蘇我入鹿が暗殺された政変「乙巳《いっし》の変《へん》」以降、「桜田門外の変（江戸幕府の大老井伊直弼を水戸の浪士らが暗殺）」や「虎ノ門事件（摂政時代の昭和天皇が1923〈大正12〉年12月、無政府主義者に狙撃された）」など、政権の最も大切な権力者たちが、常に、おざなりの警護で被害者を出している。そして興味深いことに、それを改めたことがない。

今回も、欧米やシンガポールのような本格的な要人警護の仕組みは導入されないと私は予想している。私の説は、古来日本では、権力者はガチガチに警護を固めることは禁忌されているというものである。「権力者よ、そんなに怖がらなければならないほど、あなたは嫌われ、怨まれているのですか」ということである。

根拠は次の事実である。欧米では、大災害などで治安当局が機能しなくなったさい、力で抑えられていたものがあふれて暴動を引き起こす。これに対し、地震や台風が頻繁に来る日本では、その打撃の直後に全く警察力が失われた時でも、社会の治安は完璧であり、暴力団まで協力する。法律以前の掟《おきて》があることがここに確認できると私は考えている。その大災害直後、警察力が失われたときこそ、誰にも怨まれずに暮らしてきたことに安堵《あんど》する民がいる。

古の掟を守り、起きた悲劇

そのことを前提とした場合、安倍元首相の殺害は、どういう事件と受け止めるべきであろうか。西洋からの借り物の民主主義や刑法の考え方の応用を離れて、日本神話や昔話的な隠喩を使って考察してみよう。

権力を自分ひとりに集中さすことに成功した人物がいた。その権力者は、小さな石ころを蹴落とした。本人は小さいことと思ったようだが、その影響を増幅して利用する人たちのせいで大きな落石群となり、それに踏みつぶされた人たちがでた。家族を失った、その生き残りのひとりが、その権力者に復讐し権力者を殺害しましたとさ。

責任から逃れられることと因果から逃れられるかは別のはなしである。

もう一点注目すべきことがある。桜を見る会の顚末《てんまつ》である。アベノミクスの功罪はわからなくとも、これが選挙民の買収であることは、ほとんどの国民が理解している。それなのに逮捕されなかった。それどころか検察権力を、自分の思うままにしかねないほど安倍元首相は権力集中に成功していた。しかし、今にして思えば、桜を見る会の件で逮捕されていれば、今回の悲劇は避けられた。

最後に、まとめてみよう。他人の怨みを買いながら「成功」し、ガチガチに近辺を守り通すことは禁忌されているという古《いにしえ》の掟があると述べた。実に興味深いことに、安倍元首相は、この掟を破ったから罰されたのではなく、この掟に従って殺害された。要人警護を緩めることによって、庶民の怨みをかった権力者は排除されるという、日本の古来引き継がれる仕組みが作動した。

今後の在り方

ある殺人犯の調査で尋ねたところ、使用人たちを酷く虐待し続けていた雇用側の夫婦を、残虐な仕方で殺害した使用人は、「自分がやらなくても誰かがやった」と答えている。山上被疑者ひとりのことより、元旧統一教会の被害者全てに注目することが肝要である。実に悲惨な状況が放置されてきたままである。マスメディアがようやく、旧統一教会について報道しはじめた。自民党と旧統一教会の関係に焦点をあてたり、政治と宗教の問題にしたりする構成のものがあるが、方向違いである。自民党は政権党だから狙われただけで、野党議員も狙われたらひとたまりもなかったであろう。

旧統一教会による被害者救済を考える際、被害者は加害者でもあるため、視点によっては悪魔に見えたりするが、事態を単純化してはならない。電報を打ったり、屋外でのツーショットなどはもちろん多少のかかわりがあったりしても、問題点に気づいたので今後一切、旧統一教会の活動を支援しないし、自分も支援されないことを明言していただければ十分である。むろん、安倍元首相のように、政治家が積極的に旧統一教会を利用した次元までいくものは政治責任を問われるべきである。

宗教法人としての認可取り消しを

それ以外は、政治家をターゲットにするのではなく、全ての元凶となった旧統一教会について全力で取り組むべきである。私の認識では、旧統一教会は、宗教を装う悪質商法組織である。最近数年の活動については、私も調査不足なので、少し留保を置いておく慎重さは必要だと考えるが、そもそも、旧統一教会に宗教法人としての名称変更を認めた妥当性どころか、宗教法人としての資格があるのか吟味しなおすべきである。初めはともかく途中で変質し、もはや宗教ではなく科学的な洗脳手法を用いて集金する詐欺集団である疑いがある。精査して、宗教法人としての認可取り消しを検討したうえ、オウム真理教同様に解散命令を出すことを視野にいれる必要があると考えている。旧統一教会は、私の予想では、解散命令が出されたとしても、消滅などしない手ごわい相手である。

あとがき

本書は、昨年2023年11月26日に惜しくも63歳で亡くなった河合幹雄がWEB RONZAに寄稿していたものを集めたものである。法社会学者として、安倍晋三元首相の射殺事件と統一教会との関係など、さまざまな社会的事件について、その背景を明らかにしつつ、社会や人間の根本的な問題に迫っている。

本書を貫いている法社会学者としての中心的な視点は、日本の伝統的な社会の仕組みと西洋化、あるいはグローバル化された法制度とのある種対立する関係を捉えていき、それによって社会のあるべき姿を描こうというものである。それは時には、日本の伝統社会のよさを強調し、変な西洋化や西洋の礼賛を否定することになる。たとえば日本ではコミュニティが機能することで犯罪発生率が低く抑えられ、また犯罪検挙率が高く、さらには少年犯罪の更正率が非常に高いことの指摘にそれは示されている。だから警察活動を強めようとか、犯罪を厳罰化しようという議論に持っていってはならないとする。同時に、日本のコミュニティのよさが失われていくなかで、どのように社会や制度を変えていく必要があるかが意識されている。

逆に、これまでの日本的なシステムで機能してきたものを、グローバルに通用するものに変えていく必要性も強調されている。たとえば、海外では起訴されたもののうち10~30%が無罪となるのに対して、日本では検察の起訴したものの99・9％が有罪となる現状が問題であることが指摘されている。つまり、裁判官が判断するのではなくて、検察が有罪か無罪かを決めていて、裁判官はそれに追随している結果になっているというのである。これに対しては、検察審査会などを通じて、起訴が増えて、全てが有罪となる裁判ではなくなり、裁判によって判断がなされる必要性が強調されている。あるいは大きく報道されたときに、裁判官の基準を脇においてしまって世論に押されて厳罰に処すという傾向があることは「ムラの掟」を想起させる悪弊だというのも、日本の伝統的仕組みが残っているまずい例である。

日本の検察の特殊性についての指摘も興味深い。西洋ではそれぞれの行為の違法性が問われるのに対して、日本では政治家や官僚の賄賂などについても、社会にとってトータルには有益な政治家や官僚は見逃されてきたというように、個々の行為ではなくて人についての評価が大切であったという。西洋では、冷戦の終焉とともに、共産主義国に対して国が揺らぐ心配がなくなったために、多くの政治家のそれまでの癒着や不正が暴かれて司法で裁かれたのに対して、それが日本では起こっていないというのも興味深い。そしてそれらの問題が法によって裁かれることを期待するだけではなくて、国民が選挙によって主体的に態度を示す必要性が何回も強調されている。裁判官にしろ、国民にしろ、主体性が問われるようになっていく社会であらねばならないという将来へのヴィジョンが示されているのである。

すでに12刷を重ねている河合幹雄の名著『安全神話崩壊のパラドックス』（岩波書店）と同じように、本書のさまざまな論考も事実とデータによって裏づけられている。京都大学理学部の生物学科で最初学び、どこまでもデータに基づくという理系の訓練を受けたことが、ここでも生かされている。そのためもあって、メディアと報道に対しては、きちんと事実を把握して報道するように度々苦言が呈されているのである。

非行少年の更生に関して、諸外国では少年期の非行が後の犯罪者につながることが多いのに対して、日本での非行少年がほとんど更正することを指摘しつつ、それがなんとか社会適応して、再犯しない安定した生活であって、改心するという世間の期待するものではないことが指摘されている。そして、改心を目ざすなら、本人が追い込まれて精神病や自殺のリスクが生じること、人格改変の圧力によって不安定になって逆に再犯に至る可能性があることを指摘しているのは興味深い。臨床心理学者・河合隼雄の次男であり、こころの闇に取り組んだ父とは異なって社会の闇をテーマにした幹雄にも、心理療法で人のこころが変わることのむずかしさについての理解があったことがうかがわれるのである。

割愛するが、死刑についての見方も説得力があるが、死刑囚について、死刑だからこそ反省を促すのが世話する側の仕事であって、悔い改めて仏さんのようになって亡くなってもらうのが理想であって、それでこそ人間として生まれ変わることができるという死生観が吐露されている。河合幹雄は法と輪廻についての著作を準備していたが、ここにはこの世の表面的なルールを超えた法についての理解の一端がうかがえ、その著作が結実しなかったことを惜しむと同時に、その思想をさまざまな分野で受け継いでいきたいものである。

2024年9月6日

幹雄の兄、臨床心理学者　**河合俊雄**

高齢者の万引きは本当に増えているのか（下）（2016 年 12 月 22 日）
いじめと刑事事件の間にある距離とは（2017 年 03 月 14 日）
共謀罪から見えてこない具体的な想定犯罪（2017 年 05 月 30 日）
大阪地検の森友学園事件の追及はどこまで？（2017 年 10 月 05 日）
座間殺人事件で考える「SNS との付き合い方」（2017 年 12 月 13 日）
AV 業界とはいかなる業界なのか（上）（2018 年 03 月 27 日）
AV 業界とはいかなる業界なのか（下）（2018 年 03 月 29 日）
疑わしきは被告人の有利に——最高裁は再審無罪を（2018 年 07 月 11 日）
報道など二つの点で特異だったオウム 7 人死刑執行（2018 年 07 月 13 日）
ゴーン氏の行為は犯罪的、検察は正義感を重視か（2018 年 12 月 12 日）
ゴーン被告の長期勾留と世界のスタンダード（2019 年 02 月 19 日）
性犯罪無罪判決、本当の問題点は何か（2019 年 05 月 15 日）
アメリカの黒人を警察官から守るには黒人を警察官にすればよい（2020 年 07 月 09 日）
工藤会、解散指示で「悔悛の状」示すか（2021 年 09 月 19 日）
AV 出演年齢の自主規制をする意義とジレンマ（2022 年 04 月 01 日）
旧統一教会に宗教法人の資格があるのか吟味を（2022 年 08 月 19 日）

初出一覧
（どれも朝日新聞社『ウェブ論座』に掲載されたものです）

バランス感覚と新しい秩序（2011 年 09 月 27 日）
予想外の第三者委員会の結論に慌てた九電（2011 年 10 月 25 日）
裁判結審はオウム事件の最終解決か？（2011 年 11 月 25 日）
死刑制度を残しつつ執行しないのが理想だ（2011 年 12 月 29 日）
少年死刑確定：誰が反省不十分なのか（2012 年 02 月 23 日）
警察現場のやりがいを取り戻せ（2012 年 04 月 16 日）
名張毒ブドウ酒事件と OJ シンプソン事件（2012 年 06 月 01 日）
検察の自浄力には期待できない（2012 年 07 月 09 日）
反省した裁判官と、正義感なき検察（2012 年 06 月 21 日）
誤認逮捕・起訴、明日は我が身に（2012 年 11 月 01 日）
横浜刑務所不祥事の原因と対策（2013 年 01 月 04 日）
PC 遠隔操作事件、裁判官の能力は十分か（2013 年 04 月 19 日）
若い法曹を合格させてから鍛えろ（2013 年 07 月 02 日）
原発産業を取り巻く構造に司法のメスを（2013 年 08 月 09 日）
最高裁は憲法問題で存在感を示せ（2013 年 09 月 20 日）
犯罪急減の正体――犯罪しない若者たち（2014 年 01 月 28 日）
悠長すぎる法制審議会、検察の外部コントロールの検討を（2014 年 05 月 17 日）
死刑囚 1 割無実なら執行一旦停止は 7 割―治安の世論調査（2014 年 07 月 30 日）
ビジョンなき司法取引の導入（2014 年 10 月 10 日）
犯罪学から見たパリの新聞社襲撃テロ（2015 年 01 月 24 日）
乱暴な少年法・成人年齢議論と改憲論（2015 年 06 月 02 日）
起訴相当を出せることが刑事司法改革のポイント（2015 年 08 月 13 日）
大半は更生する少年犯罪者、少年 A は失敗例か？（2015 年 10 月 28 日）
調書頼みの終焉を示した東住吉事件の再審決定（2015 年 11 月 03 日）
予算獲得ルールと連動する刑法犯認知件数（2016 年 02 月 10 日）
検察に期待せず検察審査会が甘利前大臣を起訴せよ（2016 年 07 月 08 日）
相模原障害者施設殺傷事件をどう受け止めるべきか（2016 年 08 月 19 日）
高齢者の万引きは本当に増えているのか（上）（2016 年 12 月 14 日）

著者略歴

河合幹雄（かわい・みきお）
1960年1月20日，奈良県天理市生まれ

1978年	奈良県立奈良高校卒業
1982年	京都大学理学部生物系卒業
1984-1986年	京都大学大学院法学研究科基礎法学専攻修士課程
1986年	京都大学大学院法学研究科基礎法学専攻博士後期課程入学
1986-1988年	パリ第2大学留学
1988年	フランス国立科学研究所比較法研究所助手
1988年	京都大学大学院法学研究科基礎法学専攻博士後期課程復学
1991年	京都大学大学院法学研究科基礎法学専攻博士後期課程満期退学
1991-1993年	京都大学法学部助手
1993-1998年	桐蔭横浜大学法学部講師
1998-2004年	桐蔭横浜大学法学部助教授
2004-2023年	桐蔭横浜大学法学部教授・桐蔭横浜大学法学研究科教授
2016-2023年	桐蔭横浜大学副学長（-2022年）・学校法人桐蔭学園理事 その他，公益財団法人矯正協会評議員，全国篤志面接委員連盟評議員，一般財団法人河合隼雄財団評議員，EMA（モバイルコンテンツ審査運用監視機構）基準策定委員会委員，AV業界改革推進有識者委員会委員などを歴任

2023年11月26日，逝去（享年63歳）

主な著訳書　『体制改革としての司法改革』（信山社，2001，共編）『安全神話崩壊のパラドックス』（岩波書店，2004），『日本の殺人』（ちくま新書，2009），『もしも刑務所に入ったら』（ワニブックスPLUS新書，2019），ウダン著『殺人の歴史』（創元社，2012，監修），プロゴフ著『ユングと共時性』（創元社，2024，共訳）

社会的《しゃかいてき》事件《じけん》の法社会学《ほうしゃかいがく》

――日本の伝統社会とグローバルな法のはざまで

2024年11月3日　第1刷

著　者　河《か》合《わい》幹《みき》雄《お》
発行人　山内俊介
発行所　遠見書房

〒181-0001 東京都三鷹市井の頭 2-28-16
株式会社　遠見書房
TEL 0422-26-6711　FAX 050-3488-3894
tomi@tomishobo.com　http://tomishobo.com
遠見書房の書店　https://tomishobo.stores.jp

印刷・製本　モリモト印刷

ISBN978-4-86616-209-6　C0032